Introducción a la inversión

Introducción a la inversión

Cultura financiera básica, activos financieros y alternativas de inversión

JAVIER GARCÍA DE TIEDRA GONZÁLEZ

© 2018 Javier García de Tiedra González

Diseño de cubierta: Álvaro García de Tiedra González
Imagen de cubierta: © Daniil Peshkov / *123RF*

ISBN: 978-1728854830
Impreso por Amazon Fulfillment en Europa

No se permite la reproducción total o parcial de este libro, ni su incorporación a un sistema informático, ni su transmisión en cualquier forma o por cualquier medio, sea éste electrónico, mecánico, por fotocopia, por grabación u otros métodos, sin el permiso previo y por escrito del autor. La infracción de los derechos mencionados puede ser constitutiva de delito contra la propiedad intelectual (Art. 270 y siguientes del Código Penal).
Diríjase al autor si necesita fotocopiar o escanear algún fragmento de esta obra. Puede contactar con el mismo a través de su correo (javier.garciatiedra@mail.uca.es).

Índice

Introducción 7

Parte I
CONCEPTOS BÁSICOS

1. Inflación 11
2. Círculo de competencia 15
3. Acciones y fondos de inversión 18
4. Bolsas e índices bursátiles 24
5. Capitalización bursátil, valor y precio de cotización 27
6. Dividendos y recompras de acciones 30
7. Diversificación 35
8. Interés compuesto 40
9. Inversión y especulación 44
10. Volatilidad y riesgo 49
11. Coste de oportunidad 55
12. Alineación de intereses 58
13. Ventajas competitivas 64
14. Timing 66
15. Private Equity 70

Parte II
¿EN QUÉ ACTIVO INVERTIR?

16. Empresas 77
17. Bienes inmuebles 82
18. Bonos 87

Parte III
OPCIONES PARA INVERTIR EN EMPRESAS COTIZADAS

19. Inversión en fondos de inversión indexados o de gestión pasiva 95
20. Inversión en fondos de inversión tradicionales o de gestión activa 99
21. Inversión directa en acciones de empresas cotizadas en Bolsa 117

Conclusiones, contacto y agradecimientos 180

Introducción

La inversión como actividad es antiquísima. Pensémoslo un momento. En esta obra vamos a hacer referencia, en cuanto a los diferentes activos en los que podemos invertir, a los títulos de deuda, a los bienes inmuebles y a las acciones de empresas cotizadas. La adquisición de viviendas para su posterior arrendamiento, o la financiación de terceros a través de préstamos, si no es consustancial al ser humano, una vez se encuentra viviendo en sociedad, bien podríamos afirmar que como mínimo se practica desde hace un par de milenios, y como ejemplo de esto bien podría valer el ejemplo de la antigua Roma. Incluso existe una corriente de historiadores que afirma que en la civilización cartaginesa ya existía una bolsa de valores, cuyo objeto era capitalizar y financiar proyectos de tal enjundia o tamaño que vinieran a requerir el apoyo de varios inversores, como pudiera ser la explotación de una mina en la cercana Iberia. Como nota puramente histórica, es interesante recordar que Cartago fue en su momento una potencia, que sería aniquilada sólo después de la cruenta segunda guerra púnica, en la que se enfrentó a la Roma republicana, en una contienda que sería recordada por los enfrentamientos entre las falanges y elefantes de Aníbal Barca y las legiones de Publio Cornelio Escipión.

Lo cierto y verdad es que si bien la inversión es ciertamente antigua, en igual medida lo es el hecho de que esta requiere de un aprendizaje previo si se quiere llevar a cabo con ciertas garantías. Y esta obra introductoria busca precisamente eso, que tras su lectura se posean las bases para conocer sus reglas del juego, siquiera los principios fundamentales, para con posterioridad, y con la experiencia y el estudio de cada uno de nosotros, ir mejorando en este sentido.

No queriendo abusar más de vuestro tiempo, y para ir finalizando esta parte, me gustaría comentar brevemente la estructuración de este escrito. En primer lugar, veremos una serie de conceptos básicos, conceptos que además de ser de primero de cultura financiera, necesito que conozcáis porque van a aparecer muy a menudo de ahí en adelante. En segundo lugar, analizaremos las rentabilidades y riesgos de los tres activos en los que podemos en general invertir, que serán los bonos o títulos de deuda, los bienes inmuebles y las acciones de empresas cotizadas en bolsa. Así, cuando finalicemos podremos ponderar estando informados si nos decidimos por un activo, por varios o por los tres en diferentes proporciones. En la tercera parte de la obra, al haberme decidido en lo personal por el último de los tres activos mencionados, los negocios cotizados en Bolsa, nos tocará ver las diferentes vías para invertir en los mismos, y sus particularidades, que básicamente serán dos: la vía directa, adquiriendo nosotros las acciones directamente, y la vía indirecta, delegando en fondos de inversión, que podrán ser como tendremos ocasión de ver de gestión activa o pasiva.

Y así, únicamente me resta desearles una lectura provechosa. Si al acabar el libro han aprendido algo útil, y se animan a seguir ampliando lo que saben, por mi parte esto habrá merecido sobradamente la pena.

PARTE I

Conceptos básicos

Seguramente habrá escuchado de un conocido o amigo, alguna vez, o incluso afirmado en alguna ocasión usted mismo, que para entender 'lo básico' de determinado negocio, únicamente hay que conocer y asimilar 'cuatro tonterías'. Siendo esto muchas veces cierto, al menos desde la perspectiva del conocedor del negocio en cuestión, en la práctica, para el neófito estos conceptos pueden resultar no tan obvios ni sencillos, y de no haberlos interiorizado tenderá a bloquearse y desconectar de la conversación o la lectura. Con la inversión sucede algo similar: con casi toda certeza, si logro transmitirle de manera efectiva los conceptos que conforman esta primera parte, usted poseerá una mayor cultura financiera que buena parte de sus conciudadanos, y lo más importante, conocerá las reglas básicas del juego, podrá desenvolverse y tomar decisiones de inversión por su cuenta y riesgo, o bien podrá hacer un análisis informado de las decisiones que presuntos expertos vengan a proponerle, supuestamente en su beneficio.

Por poner un ejemplo propio de mi formación, el Derecho, imagine que es abogado y tiene la suerte de que un lugareño de su localidad, desconocedor de nuestro marco jurídico y de la jerga que en el mismo se emplea, además de no disfrutar de la habilitación para ejercer la Abogacía, entra en su despacho, tras haber acordado su correspondiente cita, y le plantea un caso que implica temas médicos. Usted como abogado lo estudia, llega a la conclusión de que, aunque la fundamentación será compleja, ya que es una ciencia del conocimiento –la medicina– que no domina, será capaz de asumirlo y así se lo comunica al cliente. Pues bien, como bien sabe le tocará muy probablemente contratar un perito, que además de informarle haciendo uso de los conocimientos especializados que dispone, vendrá a ser una prueba de peso en los Tribunales. Coincidirá conmigo en que la Medicina es un tema complejo, que requiere tiempo de estudio y/o ayuda experta para afrontar un caso relacionado, pero viable porque conoce el marco jurídico en el que se desenvuelve; la inversión es similar, debe aprender sus reglas del juego y conceptos para desenvolverse, pero para cada negocio en particular deberá emplear bien tiempo, bien dinero delegando en un experto.

1

Inflación

Un inversor debe tener como primer objetivo mantener el poder adquisitivo de su ahorro.

FRANCISCO GARCIA PARAMES

Comúnmente entendemos por inflación el aumento del coste de la vida. En otras palabras, inflación sería el incremento de los precios de venta de bienes y servicios en un determinado período de tiempo y territorio. De esta forma, si la inflación en nuestro país a lo largo de este año resulta ser del 2%, supone que el coste de la vida para sus habitantes ha aumentado en dicho porcentaje.

Si bien el de la inflación es un dato útil como orientación, en la práctica descubriremos que es poco preciso: podría darse el caso de que el año pasado hubiera subido la inflación un 2%, pero que ese aumento provenga de un alza del precio de los carburantes. Si resulta que nos desplazamos en bicicleta o andando, nuestro coste de la vida podría haberse mantenido constante; aunque, por otro lado, si por nuestro trabajo estamos obligados a utilizar mucho un coche, y este posee un motor tradicional de combustión, nuestro coste de la vida habrá aumentado en una proporción incluso superior a ese 2%.

El IPC en la historia reciente de España

Si utilizamos como referencia el Índice de Precios de Consumo, que recoge la evolución de una serie de precios de productos y servicios normalmente utilizados por el ciudadano medio, y consultamos las estadísticas del Instituto Nacional de Estadística, que recoge datos de esta variable desde 1961, podemos hacernos una idea de hasta qué punto puede crecer el coste de la vida.

Así, conforme a las estadísticas del INE, que podemos encontrar en su página web, y más concretamente en el apartado de cuánto ha variado el IPC, el incremento del mismo en los últimos 10 años en España ha sido del 11.4%, o un 1.1% haciendo la media simple anual. Sin embargo, si ampliamos el período a 30 años estaríamos ante un incremento del 143%, un 4.76% anual. A su vez, si seleccionamos el período máximo del que se tienen datos, los últimos 57 años, veremos como el coste de la vida, en su representación imperfecta que es el IPC, ha subido un 3.805%, o en términos anuales medios, un 66.7%. Estos datos tienen un pequeño truco, y es que no hemos calculado el interés compuesto anual, sino el interés medio. Así, si todos los años los precios suben un 3%, por ejemplo, en veinte años no habrían subido un 60%, sino más, un 80%, ya que los porcentajes de cada año son sobre los precios del año anterior. El interés compuesto es un concepto importantísimo, que nos afecta tanto para bien como para mal, y que tendremos ocasión de ver más adelante.

Los más jóvenes estamos acostumbrados a un aumento moderado de los precios, ya bajo la influencia del Banco Central Europeo, pero como podemos apreciar el incremento de los precios puede llegar a dispararse en determinadas épocas, hay por tanto ser consciente y saber cómo compensarlo.

La inflación como enemiga del trabajador

El trabajador como ciudadano se ve expuesto a la inflación. El coste de la vida como hemos visto tiende históricamente a subir y trabajador tratará, en la medida de sus posibilidades, de hacerle frente.

¿Cómo puede hacer frente el trabajador a la inflación? Pues depende de si el mismo es un trabajador autónomo, o un trabajador por cuenta ajena. En el primer caso, éste tratará de trasladar esa subida de precios al precio conforme al cual comercializa los bienes o servicios que ofrece, con el inconveniente de que esta subida puede hacerle perder competitividad respecto al resto de sus competidores, salvo que, como tiende a suceder cuando sube el coste de la vida, estos también lo hagan. Además, éste podrá optar por reducir sus costes, con la dificultad de que la mayoría de sus costes tenderán a ser inamovibles o difícilmente reducibles. En el segundo caso, el del trabajador por cuenta ajena, éste hará lo posible para que su salario se eleve como mínimo en esa proporción, debiendo para ello negociar con su empleador, o buscando otra empresa donde ofrecer sus servicios a cambio de un mayor salario.

En todo caso, hacer frente a la inflación únicamente con estas armas resulta tanto para un tipo de trabajador, como para otro, ciertamente insuficiente.

La inflación como enemiga del ciudadano ahorrador

Ya hemos visto que la inflación puede afectar al trabajador en el ejercicio de su actividad, y que la deberá enfrentar y derrotar dentro de lo posible, pero también hay que tener en cuenta que el efecto de la inflación puede ser incluso peor en relación al poder adquisitivo de sus ahorros.

Imaginemos que un joven autónomo se las arregla para ahorrar en su primer año 1.000€, gracias a lo percibido con sus primeros clientes, tras pagar su cuota de la Seguridad Social, impuestos y gastos varios. Pues bien, de afectarle una inflación de, digamos, un 2% medio anual, cuando el mismo alcance su jubilación, pongamos cuarenta años más tarde, el coste de la vida habría subido un 80%. Así, lo que antes tenía un coste de 1.000€ para nuestro Abogado, ahora ha pasado a valer 1.800€, o en otras palabras, se ha empobrecido considerablemente. Y lo peor es que un 2% anual sería una tasa muy conservadora, ya que no hemos tenido en cuenta el efecto del interés compuesto, concepto que como hemos comentado trataremos más adelante.

En definitiva, a largo plazo no podemos permitirnos obtener para nuestros ahorros una rentabilidad menor a la de la inflación, so pena de perder buena parte del poder adquisitivo de los mismos. Para lograrlo, dispondremos de diferentes opciones, diferentes activos entre los que nos deberemos decantar, cada uno de ellos con sus ventajas e inconvenientes, con diferentes riesgos y rentabilidades a las que dedicaremos un capítulo completo.

2

Círculo de competencia

Cuando el inversor reconoce que no sabe nada y es ignorante, entonces comienza a comportarse e invertir de forma inteligente.

WARREN BUFFETT

Círculo de competencia es una expresión que hace referencia, en el ámbito de la inversión, a aquellas materias que podemos afirmar que dominamos. Así, al finalizar éste libro, si ha entendido y asimilado los conocimientos introductorios en materia de inversión, podrá afirmar que dentro de su círculo de competencia cuenta con una cultura financiera básica.

En cualquier ámbito de nuestro día a día es importante saber lo que sabemos, pero sobre todo lo que desconocemos. A la hora de invertir no es simplemente importante, es esencial ser conscientes de lo que no sabemos. Y es que los errores aquí se pagan muy caros, tendremos que ser honestos con nosotros mismos a la hora de delimitar nuestro círculo de competencia, para así actuar en consecuencia y siempre dentro de lo que dominamos.

El círculo de competencia a la hora de invertir en Bolsa

A la hora de invertir directamente en empresas que cotizan en Bolsa, como veremos más adelante, es importante invertir sólo en aquellas empresas cuya actividad o sector podamos entender. En el mismo sentido, además, no deberemos invertir en Bolsa si no entendemos cómo funciona el propio mercado bursátil.

Por ejemplificarlo de forma que podamos verlo con algo cercano, no es recomendable invertir en hostelería, en un restaurante, sin tener un cierto conocimiento de cómo funciona el negocio, sin haber trabajado previamente desde abajo. Imaginemos a una persona que no ha estudiado Derecho ni tiene ninguna experiencia en el mundo de la Abogacía: difícilmente podría emprender con éxito creando un despacho de Abogados, por mucho que lo dirigieran Abogados contratados por el mismo, si no es capaz de diferenciar a un Abogado competente de otro que no lo es, o bien desconoce las particularidades de la Abogacía en cada una de las diferentes ramas del Derecho.

Siguiendo con el círculo de competencia en relación a la inversión en Bolsa, veamos otro ejemplo: si decidimos invertir en una empresa de seguros, pudiendo valer Mapfre o Catalana Occidente, por poner algunos ejemplos de cotizadas españolas del sector, deberemos saber lo que es un seguro, deberemos saber cómo gana dinero una empresa aseguradora. Curiosamente, en su mayor parte no es debido a lo que pagan periódicamente los asegurados, ya que ahí el margen de rentabilidad tiende a ser muy reducido, sino a las inversiones financieras que realizan con sus fondos de reserva, en deuda del Estado por ejemplo. Incluso aunque parezca muy obvio, deberemos saber que cada cierto tiempo ocurre alguna desgracia, como por ejemplo un huracán, que a corto plazo podrá lastrar los beneficios de las aseguradoras que han asegurado las bienes de la zona, pero que a largo plazo pueden constituir oportunidades de inversión, siempre que la empresa aseguradora sobreviva a la catástrofe por supuesto, que es algo que también deberemos analizar.

Además, no sería prudente invertir directamente en cotizadas si no contamos con una formación contable suficiente. Al final los estados financieros de las empresas, como tendremos ocasión de ver, nos indican el estado actual del negocio, además de cómo se ha desempeñado en el pasado. Y al respecto debo añadir que una vez uno sabe lo suficiente resulta apasionante el interpretar qué ha pasado con un negocio en los últimos años de un mero vistazo. A priori parece un tema farragoso y aburrido, pero nada más lejos de la realidad, lo básico es razonablemente sencillo de aprender y una vez se encuentra uno en ese punto todo tenderá a repetirse. Si no está dispuesto a interiorizar lo básico en lo que a interpretación de estados financieros se refiere, lo más sensato resultará delegar.

En definitiva, y como se suele decir mucho en este campo: "simple pero no fácil". Lo bueno, lo positivo, es que nada nos impide aprender y ampliar nuestro círculo de competencia, bien para abarcar más sectores donde poder invertir, bien para formarnos en materia financiera y contable.

El círculo de competencia a la hora de invertir en fondos de inversión

En relación a la inversión en fondos de inversión, las implicaciones del círculo de competencia son similares. Primeramente deberemos conocer los conceptos básicos, ser capaces de apreciar lo que hace más o menos recomendable a un gestor de un fondo de inversión, siendo el gestor la persona que se encarga de tomar las decisiones de inversión dentro del mismo. Además, es recomendable ser capaces de analizar siquiera superficialmente las empresas que forman parte de la cartera de un fondo, siendo la cartera de un fondo el conjunto de empresas en las que el mismo invierte el patrimonio de sus clientes o partícipes, si es que es un fondo cuyo objeto es la inversión en empresas –como veremos, existen varios y diferentes activos en los que puede estar invertido el patrimonio de un fondo–.

Con el tiempo descubriremos que son ciertamente cuatro cosas: características que deben o no deben darse en los profesionales que dirigen los fondos, y que estos mínimos nos valdrán más para descartar que para elegir fondos de inversión. Aunque al final, si tras leer y entender el capítulo correspondiente del libro tenemos claro los fondos que debemos evitar, tenderemos a descartar a un 90/95% de los fondos que podemos contratar en nuestro país, y gracias a esta actividad de descarte tendremos muchas más posibilidades de ser exitosos y lograr nuestros objetivos, ya que el 5/10% restante de fondos tenderán a ser los mejores.

En cualquier caso, si no nos convence ningún fondo de inversión tras haberlos analizado, siempre nos quedarán otras diferentes vías para invertir, que veremos, o simplemente seguir ahorrando y estudiando las posibilidades existentes.

3

Acciones y fondos de inversión

Una acción no es un billete de lotería. Es parte de la propiedad de un negocio.

PETER LYNCH

Antes de meternos en harina, de empezar a valorar a través de qué vehículo invertimos nuestros ahorros, debemos ser capaces de entender en qué consiste una acción y un fondo de inversión.

Acciones

Concepto de acción y capital social de una empresa cotizada

Una acción de una empresa cotizada representa simple y llanamente un título de propiedad, de forma que al adquirir acciones pasaremos a ser propietarios de empresas. Este título de propiedad a su vez supondrá un porcentaje mayor o menor de la empresa según el número de acciones que constituyan el capital social de la misma.

El capital social hace referencia al conjunto de acciones en las que se divide la propiedad de una empresa cotizada: así, no será lo mismo poseer 10 acciones de una empresa cuya propiedad se divide en 100 acciones, que poseer ese mismo número de una empresa cotizada con 100 millones de acciones en circulación.

Cuando adquirimos acciones tenemos que ser conscientes de lo que estamos comprando. No compramos un boleto de lotería, para ver si somos o no los agraciados, como decía el Sr. Lynch, que fue uno de los mejores gestores de fondos de inversión de la historia reciente –norteamericano para más señas–, sino que lo que compramos en una porción de la propiedad de un negocio. Si nuestra intención es invertir a largo plazo en acciones, deberemos enfocarlo como si fuésemos empresarios, y no pensar y actuar como un sujeto que no lo fuera. Actuando así, un buen empresario nunca invertiría en un negocio que no conoce o entiende, por lo que haremos bien en investigar todo lo posible antes de decidirnos por una u otra empresa.

Acciones cotizadas o no en Bolsa: diferencias

La principal diferencia entre una acción de una empresa cotizada, y una acción de una empresa que no cotiza en Bolsa, es que en el caso de la cotizada la mayor parte de los días del año tendremos a nuestra disposición el precio al que podemos comprar y vender sus acciones, mientras que en el caso de las no cotizadas no.

Como veremos, no es lo mismo valor y precio, de forma que el valor de cualquier empresa, sea cotizada o no, variará con el paso del tiempo, simplemente si estamos ante una acción de una empresa cotizada dispondremos diariamente del precio que los sujetos que operan en los mercados bursátiles, demandando y ofertando acciones, han establecido.

¿Por qué suben o bajan las cotizaciones de las empresas cotizadas?

No es ningún misterio, esto es economía de mercado básica. Si la demanda supera a la oferta las cotizaciones suben, es decir, si hay más personas que quieren acciones de una empresa a un determinado precio, que las que desean venderlas a ese mismo precio, la cotización de las mismas subirá. Y en el mismo sentido al contrario, su cotización caerá si hay mayor presión de los vendedores frente a los compradores.

Es una práctica muy recomendable y sana, si invertimos en acciones de negocios que cotizan, no pasarnos el día actualizando la cotización de los mismas, y de hecho, muchos inversores de éxito tienen la buena costumbre de no consultar los precios hasta que la Bolsa cierra, ya bien entrada la tarde.

Diferencias entre inversor y bróker

Finalmente, y en relación a las acciones, debemos diferenciar entre inversor y bróker.

Un inversor es una persona que decide adquirir un activo, unas acciones de un negocio cotizado por ejemplo, a un determinado precio. Así, un inversor podría decir comprar unas acciones de Coca Cola European Partners, la embotelladora de Coca Cola en Europa, a un precio de 40€ por acción, porque ha analizado la empresa y entiende que es un precio razonable, con vistas a mantenerla a largo plazo e ir cobrando mientras sus dividendos.

Un bróker, sin embargo, cumple una función de intermediación entre compradores y vendedores en bolsa, de forma que cuando el inversor quiere adquirir unas acciones, hace uso de los servicios de un bróker, que puede ser por ejemplo un banco o aseguradora, que a cambio de una comisión permite que la operación llegue a buen puerto. En palabras más sencillas, el bróker era el que en las películas estaba en la sede de la Bolsa de Nueva York, con el encargo de un inversor de comprar determinadas acciones, tratando de encontrar a otro bróker que, a su vez, tuviese el encargo de un cliente de vender acciones de esa empresa en cuestión a un precio similar. Hoy día todo esta operación se ha informatizado, pero básicamente es eso, para comprar o vender acciones necesitamos una Bolsa, que haría de mercado para fijar precios, como podría ser la Bolsa de Madrid, y un bróker que haga de intermediario entre compradores y vendedores.

Los brókers, asimismo, pueden prestar otros servicios al inversor, como proveerle de informes sobre empresas que sean de su interés, o concertar reuniones entre miembros del equipo de dirección de las empresas y los inversores. En relación a esto último, debemos indicar que en la práctica suele darse más con inversores con mucho patrimonio, o bien con gestores de fondos de inversión, ya que como todo en la vida, este servicio no se tenderá a ofertar de forma gratuita.

Fondos de inversión

Concepto de fondo de inversión, gestor, partícipes, cartera de inversión, patrimonio bajo gestión y valor liquidativo del fondo

Un fondo de inversión es un vehículo de inversión colectiva, un medio a través del cual una persona física, un ciudadano, puede acceder, junto al resto de sus partícipes o inversores, a la cartera de inversiones del fondo, que dirigirá un gestor, o varios.

El gestor de un fondo de inversión es el encargado de decidir en qué se invierte y en qué no, así como cuándo se vende un determinado activo. Vendría a equivaler al Presidente de una empresa, o a su equipo directivo: si el fondo de inversión es un barco, su capitán sería el gestor.

Los partícipes de un fondo de inversión vendrían a ser, si invertimos en uno, nuestros compañeros de viaje, las personas que también han decidido invertir parte de su ahorro en el fondo en cuestión. De esta forma, y por verlo con un ejemplo, un determinado fondo de inversión puede contar con 1.000 partícipes, 1.000 personas que también han decidido invertir en el mismo, que a su vez contarán con un patrimonio invertido en el fondo mayor o menor.

La cartera de inversiones de un fondo de inversión es el conjunto de activos en los que éste ha invertido, las propiedades que forman su patrimonio. Los fondos de inversión pueden invertir en diferentes activos, como pueden ser empresas que cotizan en Bolsa, empresas que no cotizan, bienes inmuebles, activos monetarios (deuda de empresas o Estados, depósitos bancarios, etc.) o incluso pueden llegar a invertir en oro.

El patrimonio bajo gestión es la suma de todas las propiedades del fondo de inversión. Así, si un fondo es propietario de un millón de acciones de la empresa cotizada española Inditex, y a día de hoy sus acciones cotizan a 25€, su patrimonio bajo gestión serán 25 millones de euros.

El valor liquidativo de un fondo de inversión vendría a equivaler, salvando las distancias, a las cotizaciones de las empresas cotizadas. Si invertimos en un fondo de inversión, lo haremos al valor liquidativo del día en que demos la orden de comprar, mientras que si queremos que nos devuelvan lo invertido, venderemos al precio del valor liquidativo del día en cuestión. El cálculo del mismo se obtiene al sumar el valor en un día determinado de cada uno de sus activos. Así, si un fondo fuese propietario de las mencionadas acciones de Inditex, un millón de acciones que cotizan a 25€ por acción, y de un bien inmueble, un edificio de oficinas en Madrid por ejemplo, cuyo valor se tasó por última vez en 25 millones de euros, el valor liquidativo de este fondo ascendería a 50 millones de € (los 25 de las acciones más los 25 del edificio).

¿Qué es el folleto de un fondo de inversión?

Las normas que delimitan el marco de actuación del gestor de un fondo de inversión se establecen en lo que se viene a denominar su folleto, de forma que aunque el gestor debe cumplir con determinadas limitaciones establecidas en el conjunto de normas del Estado donde está registrado el fondo, también se especificarán en su folleto reglas especiales.

Con la existencia del folleto el partícipe, que será como hemos comentado la persona que decide invertir en el fondo, sabe qué es lo que pretende hacer el gestor con sus ahorros. De esta forma, puede establecerse en el folleto que el fondo sólo invertirá en empresas que coticen en Bolsa, que serán de un tamaño pequeño y de determinado país.

Un gestor está obligado a cumplir con lo establecido en el folleto del fondo de inversión que gestiona, y si quiere cambiar su estrategia de inversión deberá modificarlo y notificárselo a sus partícipes o clientes, que deberán entonces decidir si continúan o no en el fondo de inversión.

Las comisiones en los fondos de inversión

Los fondos de inversión cobran comisiones a sus partícipes, viven de hacerlo. Las comisiones pueden ser de diferentes tipos, bien una comisión fija sobre el patrimonio total del fondo, por ejemplo un 2% anual sobre el patrimonio; bien una comisión variable llamada de éxito, por ejemplo un 10% de las rentabilidades positivas anuales; o bien una comisión mixta, que podría ser por ejemplo un 1% anual fijo sobre el patrimonio, más un 5% sobre las rentabilidades positivas anuales del fondo.

Además de estas pueden darse otras comisiones, como la de depositario, que correrá a cuenta de una banco normalmente, y que será por ejemplo, y por poner una cifra habitual, un extra del 0.05%

anual sobre el patrimonio. Aquí el banco la percibe digamos por custodiar el patrimonio del fondo. En cualquier caso, existe la obligación de desglosar todas las comisiones aplicables a un fondo en la información que se ofrece al posible interesado en invertir en el fondo de inversión en cuestión.

La fiscalidad de los fondos de inversión

Sobre los fondos de inversión, es interesante su fiscalidad, al menos en España. Si pasados unos años hemos logrado unas ganancias considerables, y queremos vender nuestras participaciones, pagaremos en España, en concepto de IRPF, entre un 19 y un 23%. Lo bueno, es que no pagaremos cada vez que el fondo venda acciones o reciba dividendos, como sucedería si invirtiésemos directamente comprando y vendiendo acciones, sino únicamente cuando vendamos nuestra participación en el fondo. De esta forma, si no vendemos nuestra participación en el fondo hasta que nos jubilemos, hasta entonces no pagaremos nada por lo que el valor liquidativo del fondo –y con ello también nuestro patrimonio– vaya aumentando. A largo plazo, es un ahorro en impuestos tremendo.

Además, podremos mover nuestro patrimonio ya invertido de un fondo de inversión a otro sin implicaciones fiscales. Si tenemos ganancias o plusvalías de la etapa del primer fondo, es decir, del que queremos salir, o bien pérdidas o minusvalías, estas quedarán registradas y se tendrán en cuenta para el futuro. Veamos un ejemplo. Invertimos 100 euros en el fondo de inversión X. Pasan siete años y la participación ha crecido un 50%, a 150 euros. Pasamos esos 150 euros al fondo Y, que tras otros tres años pierde un 20%, pasando por tanto nuestra participación final a ser de 120 euros. Si entonces decidimos reembolsarlo, es decir, solicitar que nos devuelvan el dinero, pagaríamos nuestro IRPF en ese momento y no antes, siendo la plusvalía de 20 euros (los 100 euros iniciales se han convertido en 120).

4

Bolsas e índices bursátiles

Un error conceptual muy común se da a la hora de diferenciar entre Bolsas e índices bursátiles. Tendemos a dar por hecho que la Bolsa de Madrid, por poner un ejemplo, viene a ser lo mismo que el IBEX 35, y nada más lejos de la realidad, veámoslo.

Bolsas e índices: concepto y ejemplos

En relación a las Bolsas, en España tenemos varias, y más específicamente cuatro: la Bolsa de Madrid, la de Barcelona, la de Bilbao y la de Valencia. Estas constituyen los diferentes mercados de acciones que tenemos en nuestro país, es decir, lugares donde se pueden demandar u ofertar una o varias acciones a determinado precio.

Como mercados que son las Bolsas, el precio de los productos que en ellas podemos encontrar, es decir, el precio de las empresas cotizadas, sube y baja en relación a la demanda y la oferta, como ya explicamos. Si en un momento determinado, estando el mercado bursátil abierto, existen personas demandando acciones, 50.000 por ejemplo, a un valor de 50 euros la acción, y no existen suficientes vendedores a ese precio, el precio irá subiendo hasta que suficientes vendedores se animen a vender ese número de acciones. En la práctica, para la mayoría de empresas cotizadas existen siempre suficientes compradores y vendedores como para que las operaciones se lleven a cabo en cuestión de segundos o minutos, pero para empresas más pequeñas y desconocidas puede no darse el caso, de forma que, en estas circunstancias, habría que ir comprando o vendiendo poco a poco diariamente hasta que estemos satisfechos. A estas acciones alrededor de las cuales no existen demasiada actividad de compras y ventas se las califica como ilíquidas, frente a las líquidas, que serían aquellas que presentan suficientes compras y ventas como para comprar y vender rápidamente acciones.

Por otro lado, en España también tenemos diferentes índices, siendo el más conocido el IBEX 35. Un índice, a diferencia de una Bolsa, no es un mercado, sino una representación de empresas que cuentan con una serie de características. Así, para estar en el IBEX 35 se requiere que las empresas tengan un determinado tamaño, de forma que las empresas pequeñas no tienen cabida en un índice como el IBEX, pero sin embargo sí pueden cotizar en Bolsa. Además, se exige que sus acciones sean suficientemente líquidas, o en otras palabras, y como explicamos, que cada día existan suficiente compras y ventas en relación a las mismas.

Hay vida más allá del IBEX 35: el ejemplo de las Bolsas españolas

Conocer la diferencia entre Bolsas e índices es también importante para no limitarnos a la hora de invertir, si es que invertimos directamente en Bolsa (más adelante veremos las ventajas e inconvenientes de hacerlo directamente, frente a otras opciones indirectas como son los fondos de inversión).

Valga como ejemplo el caso español. Si pensamos que sólo existen en España, como empresas cotizadas, las que aparecen en el IBEX 35, que como su nombre indica está formado sólo por treinta y cinco grandes empresas, nos perderemos las restantes, donde podríamos encontrar verdaderas maravillas olvidadas por muchos: compañías sin deuda, o incluso con ahorros (lo que se viene a denominar 'caja neta'), con fuertes ventajas competitivas, con equipos directivos fantásticos. Todo estas características pueden encontrarse en alguna empresa del IBEX 35, pero lo que es seguro es que para adquirir acciones de las mismas deberemos pagar un precio muy elevado (un ejemplo podría ser Viscofan, empresa dedicada al negocio de las envolturas cárnicas, fantástica pero normalmente a un precio fantásticamente elevado). Fuera del IBEX 35, cotizando en las Bolsas españolas, podemos encontrar empresas con estas características a precios más atractivos y razonables, aunque con la contrapartida de que, en ocasiones, serán más ilíquidas, lo cual puede no ser demasiado impedimento, si nuestro patrimonio no es demasiado elevado o no tenemos intención de vender en muchos años.

La importancia de conocer el concepto de índice bursátil si invertimos en fondos de inversión

A la hora de invertir en fondos de inversión, también es importante conocer esta diferenciación. Y es que los fondos que invierten en acciones tienen un índice de referencia, con el que se comparan para ver si están obteniendo mejores o peores resultados. En este sentido, hay que señalar que en muchas ocasiones se utiliza el equivalente en inglés para hacer referencia al índice de referencia: *benchmark*.

Si el índice de referencia de un fondo de inversión es el IBEX 35, se esperará del fondo que obtenga rentabilidades superiores a dicho índice, ya que para ello el partícipe paga sus comisiones. De esta forma, si en los últimos años este índice ha obtenido una rentabilidad de un 6% anual, un fondo que tenga este índice como referencia deberá, para ganarse sus comisiones, haber obtenido más de dicho 6%.

En ocasiones, podemos considerar como punto negativo de un fondo de inversión el hecho de que su gestor hayan elegido de forma desacertada su índice de referencia. Por poner un ejemplo, un fondo de inversión puede invertir en empresas muy pequeñas que cotizan en Bolsa española, micro empresas, y tener como índice de referencia al IBEX 35. En este caso no sería del todo justo, ya que en el índice en cuestión no hay empresas pequeñas, lo justo sería compararse con un índice de micro empresas españolas que coticen en Bolsa.

5

Capitalización bursátil, valor y precio de cotización

Todo necio confunde valor con precio.

FRANCISCO DE QUEVEDO

Como sabemos, la propiedad de negocios como las empresas cotizadas está dividida en acciones. Para no perdernos a la hora de leer sobre una empresa de esta clase, hay tres conceptos que aunque sencillos, son claves: capitalización bursátil, valor y precio de cotización. Los analizamos a continuación.

Capitalización bursátil

La capitalización bursátil de una empresa cotizada viene determinada por el resultado de multiplicar el número de acciones que conforman el capital social de la misma por el precio de cada una de las acciones. Así, si el precio de una de las acciones de una determinada empresa cotizada es de 10€, y cuenta con 100 millones de acciones, su capitalización bursátil será de 1.000 millones de €.

En relación a la capitalización bursátil de las empresas cotizadas, deberemos tener cuidado a la hora de analizar empresas extranjeras. Así, si queremos consultar la capitalización bursátil de una empresa que cotiza en la Bolsa de Nueva York, deberemos ser conscientes de que el valor de una acción vendrá denominado en su divisa o moneda, el dólar, y que por tanto, si queremos conocer su valor en euros deberemos hacer el correspondiente cálculo.

Diferenciación entre valor y precio de cotización

Decía el afamado inversor norteamericano, Warren Buffett, que "precio es lo que pagas, valor es lo que recibes". Así, una empresa, sus acciones, pueden cotizar a un precio determinado, precio que varía a diario –salvo fines de semana y determinados días señalados al año–, pero no necesariamente representa su valor.

A la hora de invertir en negocios cotizados, independientemente de que lo hagamos directamente por nuestra cuenta, o indirectamente delegando en un gestor de un fondo de inversión o bien en lo que se denominan fondos indexados de gestión pasiva, que tendremos ocasión de analizar, la clave está en saber determinar cuánto vale una empresa, y cuando lo hayamos calculado, comparar su valor o valor intrínseco, con su precio. A mayor diferencia entre lo que hemos calculado que vale una empresa cotizada, y el precio de la misma, mayor margen de seguridad a la hora de invertir, y a mayor margen de seguridad, más rentabilidad potencial y mayor margen si antes de que se reconozca por el mercado su valor la empresa ve reducido su valor, por las razones que sean.

Por supuesto, esto último es más fácil decirlo que hacerlo. De hecho, no es para nada sencillo, requiere si queremos ser rigurosos de muchas horas de trabajo, y es esta la razón principal por la cual muchas personas ahorradoras prefieren delegar en un profesional, pagándole a cambio una comisión, para que se dedique a tiempo completo a estudiar el valor de las empresas y a invertir cuando descubra oportunidades con el suficiente potencial de revalorización. Más adelante veremos que no todos los gestores de fondos se merecen sus comisiones, y que si nos decidimos por esta vía para invertir deberemos ser cuidadosos a la hora de escogerlos.

Además del análisis cuantitativo, o puramente contable, de lo que vale una empresa hoy, deberemos realizar un análisis cualitativo acerca del futuro de la misma: ¿valdrá más dentro de cinco años, o menos?, ¿sobrevivirá el negocio? No queda otra que estudiar el modelo de negocio para entenderlo, y tratar de analizar entonces, aproximadamente, cómo le tenderá a ir a medio/largo plazo.

6

Dividendos y recompras de acciones

¿Sabe qué es lo único que me da placer? Ver cómo llegan mis dividendos.

JOHN D.ROCKEFELLER

Dividendos y recompras de acciones constituyen vías diferentes, pero no por ello incompatibles, de remunerar al accionista de una determinada empresa. Y a los accionistas les gusta recibir algo a cambio de serlo, especialmente recibir rentas como pueden ser los dividendos, porque mientras el pago de los mismos, periódicamente, presenta una cierta certidumbre o seguridad, nunca sabremos cuando las cotizaciones de las empresas en las que hayamos invertido van a subir, por mucho que estas valgan más que su precio actual, ya que el mercado tardará en reconocerlo lo que estime oportuno, a veces más, a veces menos.

Dividendos

Un dividendo es una determinada cantidad de dinero que periódicamente, o bien de manera extraordinaria o puntual, recibe el accionista de una determinada empresa. Además, puede darse el caso de que se repartan dividendos no en dinero, sino en acciones. En éste último caso, hay que ser conscientes de que muchas veces lo que hacen las empresas que acostumbran a repartir dividendos en forma de acciones es ampliar capital, y repartir las nuevas acciones. Si se amplía capital, la propiedad de la empresa en cuestión pasa a dividirse entre un mayor número de acciones, por lo que aunque a nosotros nos den una parte de las nuevas acciones, puede ser un poco lo comido por lo servido, quedarnos igual. Veámoslo con un ejemplo. El capital social de una empresa cotizada, un banco por ejemplo, está formado por 1.000 acciones, y somos propietarios del 10% de las mismas, 100 acciones. Este banco, y pongo como ejemplo un banco porque les suele gustar repartir este tipo de dividendos, nos anuncia un dividendo por acciones, amplía capital en 100 nuevas acciones, y nos da a nosotros 10. Ahora tendríamos 110 acciones, ciertamente más que antes, pero al dividirse la propiedad entre 1.100 acciones, ¡ahora seguimos siendo propietarios de un 10% de la empresa! En general, haremos bien en evitar empresas que acostumbren a llevar a cabo este tipo de trucos, como mínimo poco transparentes: los dividendos mejor en efectivo (una opción sin embargo perfectamente válida y que puede tener su sentido es dar la opción al accionista de recibir sus dividendos en acciones, caso de la eléctrica Iberdrola, para luego recomprar el equivalente: de esta forma no se diluye al accionista, y además este puede beneficiarse fiscalmente de la operación, al retrasar el pago del impuesto).

La partida o cantidades dedicada por una empresa a dividendo proviene idealmente de los beneficios de la misma, denominándose el porcentaje que dicha partida o cantidades representa de los beneficios su *pay out*. Así, si una empresa cotizada obtiene en un determinado ejercicio unos beneficios de 1.000 millones de euros, en el supuesto de dedicar 400 millones a dividendos su *pay out* será del 40%. De aquí en adelante usaremos este término en inglés, no por nada, sino por ser muy utilizado en prensa y publicaciones especializadas, y ser más cómodo que decir "porcentaje de los beneficios dedicados a dividendos".

Un *pay out* razonablemente bajo es ideal si invertimos a largo plazo buscando recibir dividendos sostenibles, ya que cuando la empresa venga a atravesar dificultades y su beneficio se vea reducido tendrá muchas más posibilidades de ser capaz de mantener el dividendo. Por ejemplo, si una empresa reparte el 40% de sus beneficios en dividendos, y en su último año o ejercicio su beneficio ascendió a 1.000 millones de euros, podrá seguir repartiendo esos

400 millones en dividendos incluso de ver sus beneficios reducidos a la mitad. Además, un *pay out* bajo no supone necesariamente bajos dividendos a largo plazo, ya que si la parte no dedicada a dividendos se va reinvirtiendo con sensatez, sentido y rentabilidad, los beneficios crecerán y con ellos los dividendos.

Sin embargo, en ocasiones las empresas llegan a endeudarse para hacer frente a sus dividendos, política que no parece muy recomendable, y que haremos bien en evitar. Y es que difícilmente puede ser sano para una empresa llevar a cabo estas prácticas: si fuésemos propietarios de un pequeño negocio en nuestra localidad, un bar por ejemplo, que ha logrado unos beneficios de 24.000€ este año, no tendría mucho sentido endeudar la sociedad en otros 6.000€ para entregarnos a nosotros, como propietarios, un dividendo de 30.000€. Con las empresas cotizadas, al menos en lo básico, deberemos aplicar la misma lógica que aplicaríamos a una empresa pequeña no cotizada.

Para finalizar con los dividendos, es interesante destacar que estos sólo tendrán sentido económico si el equipo directivo de una empresa cotizada es incapaz de invertir esa parte del beneficio en crecer, o bien en reducir su deuda o apalancamiento, de ser la misma demasiado abultada. Así, como accionistas, si nuestra empresa es capaz de reinvertir los beneficios con una rentabilidad del 20%, tenderemos a preferir que esta, a través del aumento fuerte de beneficios vea elevarse su valor y con ello, a largo plazo, su cotización en Bolsa. Por otro lado, si la empresa en la que hemos invertido no es capaz de reinvertir sus beneficios en crecer, como podría ser el caso de una empresa nacional dedicada al transporte de gas a través de gasoductos, que ya dispone de todos los gasoductos del país en cuestión, esta hará bien en dar muchos dividendos, teniendo un *pay out* bien alto, cercano al 100%, salvo, por supuesto, que la misma se encuentre muy endeudada o apalancada, siendo razonable en este caso dedicar una parte o la totalidad de los beneficios a reducir su deuda. Con el ejemplo anterior estaríamos pensando, si es el amable lector extranjero, o es español y no la conoce, en Enagás, empresa que cotiza en las Bolsas españolas (aunque habría que añadir que el ejemplo no sería del todo exacto, ya que algún activo sí que tiene Enagás en el extranjero).

Recompras de acciones

Una vía o modalidad menos conocida de retribuir al accionista es la recompra de acciones. Como ya hemos mencionado, el capital social de una empresa cotizada está formado por un conjunto de acciones, cada una de ellas con un precio, constituyendo el resultado de multiplicar el número de las mismas por su precio de cotización la capitalización bursátil. Pues bien, otro destino del beneficio de las empresas puede ser comprar sus propias acciones, y amortizarlas o eliminarlas.

Un ejemplo de recompra de acciones

Supongamos que el capital social de una empresa cotizada está constituido por 1.000 acciones, cada una de las cuales cotiza a 1 millón de €, teniendo por tanto esta una capitalización de 1.000 millones de €. Además, esta empresa ficticia ha generado en el pasado ejercicio unos beneficios de 500 millones de €. Por las razones que sean, y que luego veremos cuáles pueden ser, decide dedicar esos 500 millones de beneficio a recomprar 500 de sus acciones, para luego amortizarlas o eliminarlas. De esta forma, una vez ha finalizado la operación de recompra, ya no hay 1.000 acciones en circulación, sino sólo quinientas, pero el beneficio esperado de la empresa para el año que viene sigue siendo el mismo, 500 millones de euros. La tarta se ha reducido, y ahora nosotros, si somos accionistas, tocamos a una porción superior de la propiedad, de forma que si teníamos 100 acciones, pasamos de ser propietarios del 10% de la empresa a ser propietarios del 20% de la misma. Como el número de acciones se ha reducido un 50%, lo lógico es que al dividir el valor de la empresa entre menos acciones, el precio de cotización de cada acción se multiplique por dos, y así, aunque nosotros como propietarios no obtendríamos un dividendo del 50%, el valor patrimonial de nuestra inversión se ha doblado.

¿Cuándo tiene sentido económico para una empresa llevar a cabo recompras de acciones?

Pues van a tener sentido cuando la empresa llegue a la conclusión de que la capitalización bursátil de la misma no refleja como debería el valor intrínseco o real de la misma: en otras palabras, que está cotizando muy barata, injustamente barata. Si las acciones deberían cotizar a 50€, y cotizan a 10€, resultará muy deseable que la empresa recompre sus propias acciones; si estas cotizan a 100€, y ellos calculan que lo razonable, teniendo en cuenta sus beneficios esperados, endeudamiento y demás variables, es 50€, pues mejor que se dediquen a repartir dividendos.

Por resumir: si la empresa cotiza en Bolsa muy barata, lo ideal y razonable es que su equipo directivo inicie un programa de recompras de acciones. Si la empresa está cotizando a múltiplos muy elevados (cara), y el equipo directivo no es capaz de encontrar ideas de inversión con buenos retornos, lo mejor es que remuneren al accionista a través del reparto de dividendos. Si finalmente la compañía se encuentra muy endeudada, y esta deuda le puede suponer un riesgo a tener en cuenta cara al futuro, o incluso al presente, si debe pagar elevados intereses a sus acreedores, ni lo uno ni lo otro, mejor que reduzca su deuda.

7

Diversificación

El único inversor que no debería diversificar es aquel que acierta el 100% de las veces.

JOHN TEMPLETON

Una diversificación sensata, en materia de inversiones, consiste en no estar expuesto a una pérdida inasumible como consecuencia de una decisión o conjunto de decisiones de inversión fallidas.

Como decía muy acertadamente el Sr. Templeton, todos necesitamos diversificar, porque hasta los mejores inversores, aquellos acerca de los que existe un consenso acerca de su genialidad y buen hacer, cometen periódicamente errores. Así, la clave suele ser cometer los menos posibles y que, cuando se den, tengan las menores consecuencias posibles.

La peor diversificación posible y a evitar

El ejemplo más flagrante de falta de diversificación, en el caso de un ciudadano de a pie, sería el de aquel que tiene su trabajo, vive de alquiler, sin inmueble en propiedad, y gasta todo lo que ingresa sin ahorrar ni invertir en modo alguno. Estando la inmensa mayoría de trabajos expuestos a los ciclos económicos, con la próxima crisis podría encontrarse en una situación desesperada en el supuesto de perder su empleo. Y si bien existen mecanismos públicos como la prestación por desempleo para amortiguar los efectos de perder nuestro trabajo, es muy recomendable complementarlo con una sana costumbre de ahorro y la debida diversificación a la hora de invertir dichos fondos, ya que si sólo tenemos nuestro trabajo, tenemos como se suele decir todos los huevos en la misma cesta.

La diversificación entre lo invertido y nuestra liquidez

Volviendo a las finanzas propiamente dichas, el primer requisito *sine qua non* o inexcusable de la correcta diversificación en casi cualquier activo es invertir únicamente aquella parte de nuestro patrimonio que estimemos no vayamos a necesitar a corto o medio plazo. De nada sirve que nuestra cartera de acciones esté estupendamente diversificada, o que nuestros títulos de deuda lo sean de empresas o Estados muy solventes y variados, y lo comento por ser el principal riesgo en este caso que nuestro deudor suspendiera pagos, si en un momento determinado necesitamos lo invertido y tenemos que vender a pérdida. Hablando de los títulos de deuda hay que recordar que también cotizan en su correspondiente mercado, de forma que si por ejemplo nuestro bono es a cinco años, y a la mitad de este período queremos venderlo porque necesitamos el dinero, deshaciendo nuestra operación para recuperar el principal, siendo el principal lo prestado inicialmente, dependeremos del precio que el mercado otorgue en ese momento al bono, que podrá ser mejor o peor dependiendo de variables como los tipos de interés o la solvencia en ese momento del deudor en cuestión.

Conocer aquello en lo que invertimos para valorar su diversificación

En materia de diversificación es esencial, en segundo lugar, conocer y entender los activos en los que hemos invertido. Veamos un ejemplo ilustrativo. Si invertimos en acciones de empresas cotizadas, no será lo mismo tener una única inversión, y que esta sea una entidad de crédito o banco como podría ser Bankia, con una exposición total a lo que suceda en España, o que esta inversión sea Corporación Financiera Alba, que aunque es una empresa que cotiza en las Bolsas españolas, es un holding, es decir, una especie de fondo de inversión que cotiza en Bolsa, por explicarlo simplificadamente, que combina inversiones en ocho empresas cotizadas españolas, cada una con una mayor o menor exposición en sus negocios a España, así como inversiones en empresas no cotizadas y activos inmobiliarios. En el primer caso, nuestra diversificación geográfica y por sectores de negocio es nula; en el segundo caso, al menos con un número de activos numeroso de los que dependemos, la diversificación es más razonable, ya que unas empresas cotizadas podrán ir mejor o peor, los inmuebles podrían lograr mayores o menores rentas, etc. Ni que decir tiene que la diversificación de holdings como Corporación Alba no sirven de nada si las empresas y activos de los que son propietarios luego son un desastre como inversión, todo deberá ser objeto del correspondiente análisis.

La correlación entre activos a la hora de diversificar

Tener en cuenta la correlación entre unos activos y otros también es importante. No es casual que muchas carteras combinen renta variable, es decir, acciones de empresas cotizadas, y renta fija, títulos de deuda. Se busca la descorrelación entre los mismos, es decir, que los factores negativos que afecten a una parte de nuestra cartera vengan a beneficiar a la otra parte. Quizás sería más fácil verlo con un ejemplo. Imaginemos que el 50% de nuestro patrimonio se encuentra invertido en empresas cotizadas, que tienen un nivel de endeudamiento mayor o menor pero todas tienen deuda, y que por otro lado tenemos el restante 50% en bonos corporativos de empresas que han necesitado financiarse (o en otras palabras, empresas a las que hemos prestado dinero). Mientras dure la situación actual, con tipos de interés bajos, que en la Unión Europea recordemos los fija el Banco Central Europeo, las empresas podrán financiarse en mejores condiciones, lo que les permitirá que su partida presupuestaria dedicada al pago de intereses derivados de su deuda sea menor, de forma que tendrán mayores beneficios. Sin embargo, esta circunstancia de tipos de interés bajos provoca que el hecho de convertirnos en acreedores de empresas que necesitan financiación, prestarles dinero a empresas necesitadas del mismo, vaya, esté peor remunerado o pagado. Pues bien, si como siempre acaba por suceder, todo vuelve a la normalidad y suben los tipos de interés, a las compañías de las que somos accionistas les costará más financiarse, contraer nueva deuda, ya que tendrán que hacer frente a tipos de interés mayores, y tenderán a reducir sus beneficios. Como al final las cotizaciones van detrás de los beneficios actuales y las expectativas futuras en relación a los mismos, tenderemos a ver como nuestro patrimonio en renta variable se reduce, o al menos crece menos. Sin embargo, como hemos diversificado, dedicando parte de nuestra cartera a renta fija, conforme vayan venciendo los bonos podremos ir contrayendo otros nuevos con los tipos de interés actuales, ya más elevados.

El riesgo divisa y su relación con la diversificación

El riesgo divisa en los bonos o títulos de deuda

Siguiendo con la renta fija, es decir, con los títulos de deuda, si nos decantamos por estos deberemos ser conscientes del riesgo divisa, y que este requiere también su diversificación. Veámoslo con un ejemplo. Si tenemos un bono del Estado turco, denominado en la lira turca, y como está sucediendo en 2018 el euro se mantiene arriba y la lira se desploma, cobraremos menos intereses a efectos prácticos, de forma que si nos tenían que pagar anualmente 10.000 liras turcas nos las seguirán pagando religiosamente, salvo que quiebre Turquía, pero al haberse devaluado la divisa en comparación al euro, al cambiar a euros ingresaremos menos. Cuando venza el préstamo pues igual, nos devolverían menos euros de los que inicialmente habíamos calculado, al hacer la conversión.

El riesgo divisa en las empresas cotizadas

Este es un riesgo que también se da en las empresas cotizadas, ya que presentan resultados en una divisa y sus beneficios pueden provenir de muy diferentes localizaciones. Así, por poner un ejemplo, si Prosegur, empresa cotizada española, presenta sus resultados en euros, y buena parte de su negocio se encuentra en Latinoamérica, le tenderá a beneficiar que las divisas de esta zona se mantengan fuertes, viéndose perjudicada si, como sucede, el euro está fuerte y las divisas latinoamericanas andan de capa caída, ya que tendrán que transformar los beneficios en divisa extranjera a euros.

La diversificación en los fondos de inversión y planes de pensiones

Como veremos más adelante, en el apartado correspondiente, si invertimos en fondos de inversión también deberemos diversificar para cubrirnos de determinados riesgos, teniendo como vemos cada inversión sus particularidades con vistas a estar debidamente diversificados.

Así, por poner un ejemplo ilustrativo, existe el riesgo gestor. ¿Qué sucede si tenemos todo nuestro dinero en un fondo de inversión, y fallece su gestor? Esta persona es la que toma las decisiones de calado en el mismo, y si no estamos pendientes de las noticias relativas a dicho fondo, puede darse el caso de que, de suceder tal trágico suceso, empezase a gestionar el patrimonio otro gestor que no nos convenciese lo más mínimo. Podríamos por tanto continuar invertidos en un único fondo, si nos resulta el más atractivo, pero manteniendo un cercano seguimiento, o bien podríamos diversificar el riesgo gestor invirtiendo en varios fondos que nos gustasen. Como hemos comentado, lo veremos más adelante con mayor profundidad.

8

Interés compuesto

El interés compuesto es la octava maravilla del mundo. El que lo entiende se beneficia, el que no... lo paga.

ALBERT EINSTEIN

El interés compuesto es probablemente el concepto más importante, y a la vez el más básico, de las finanzas personales y empresariales. Conocerlo y entenderlo nos hará ver el potencial positivo de invertir a largo plazo, por un lado, y el riesgo de pérdida de poder adquisitivo, también a largo plazo, con la inflación.

Básicamente el efecto del interés compuesto lo obtenemos cuando a una cantidad determinada, de dinero a estos efectos, le aplicamos un interés, y la cantidad obtenida la sumamos al principal, de forma que esos intereses pasan al año siguiente a producir más intereses.

Para entender este concepto se suele utilizar el ejemplo del tablero de ajedrez. Este posee 64 casillas: en la primera casilla colocamos un euro, y este euro se va doblando con cada una de las casillas. ¿Cuánto dinero obtendríamos en la casilla 64? Podríamos pensar que una cantidad interesante, pero que no sería para tanto...

pues lo cierto es que en la última casilla tendríamos 18 trillones y pico de euros.

El efecto del interés compuesto a la hora de invertir

Aunque no podemos aspirar a obtener las rentabilidades propias del ejemplo del tablero de ajedrez, sí nos podremos beneficiar del efecto del interés compuesto al obtener rentabilidades positivas y reinvertir lo obtenido anualmente.

Imaginemos un joven trabajador que invierte 10.000€, con vistas a su jubilación dentro de 40 años, a través de un fondo de inversión bien gestionado de renta variable, es decir, que invierte en empresas que cotizan en Bolsa, y que este obtuviera la nada desdeñable rentabilidad de un 10% anual compuesto. Pues bien, estos 10.000€ se habrían convertido en algo más de 450.000€.

Por supuesto, el papel todo lo soporta, las finanzas reales en la práctica son más complejas. No es tan fácil obtener esta rentabilidad anual media, aunque no es ni mucho menos inalcanzable, ni todo el mundo empieza a invertir tan pronto. Lo positivo del asunto es que empezando más tarde, y obteniendo rentabilidades menores, a largo plazo también lograríamos resultados estupendos.

En este sentido, es esencial recordar el requisito clave para beneficiarnos del efecto del interés compuesto: no perder el capital invertido. En éste sentido, haremos bien en diversificar lo suficiente, sobre todo si nos decidimos por invertir directa o indirectamente en empresas cotizadas, y ya os adelanto que personalmente es la opción a la que le veo más sentido a largo plazo.

Asimismo hay que destacar que la evolución de nuestras inversiones, y de sus rentabilidades, nunca van a ser perfectamente lineales a largo plazo. De hecho, habrá años excelentes y años en los que darán ganas de salir huyendo, esto hay que conocerlo y ser conscientes de ello, ya que de lo contrario a la mínima bajada fuerte cristalizaremos la pérdida. Como veremos, el hecho de que el precio de cotización de una empresa baje no es necesariamente negativo, siempre y cuando su valor siga siendo el mismo, ya que nos permitirá, si tenemos suficiente estómago, comprar acciones de la misma a precios más atractivos, con mayores potenciales de revalorización y con un dividendo por acción que será proporcionalmente mayor.

Ya para finalizar, en relación al interés compuesto y la inversión, tenemos que tener en cuenta el efecto de la fiscalidad o tributación, los impuestos vamos. Si somos propietarios de una pequeña parte de una empresa cotizada, al repartir esta dividendos, si los reinvertimos en comprar más acciones, nos beneficiaremos del interés compuesto pero no en su totalidad, ya que cada vez que recibamos dividendos nos tocará cumplir con Hacienda y su correspondiente Impuesto sobre la Renta. Es por esto por lo que en muchos medios financieros se hable de dividendos brutos, sin impuestos, o netos, después de descontar los impuestos. Sin embargo, si la empresa de la que somos propietarios no reparte dividendos, sino que lo dedica todo a crecer o a recomprar acciones, no pagaremos impuestos hasta que no vendamos nuestras acciones, y venderemos cuanto más tarde mejor. Esto último sería perfectamente aplicable, como veremos cuando hablemos de los mismos, a los fondos de inversión, que son un buen vehículo para optimizar el pago de nuestros tributos. Ni que decir tiene que aunque lo óptimo fiscalmente sea invertir a plazo infinito, si la tesis de inversión en determinada empresa o fondo de inversión ha cambiado, y tenemos que vender, pues vendemos y a otra cosa.

La inflación y el interés compuesto

Todos somos conscientes de que el coste de la vida sube permanentemente, pero en ocasiones no sabemos cuánto. Un 2% anual de inflación puede parecer poco, pero hablamos de interés compuesto. Así, de igual forma que el autónomo inversor anteriormente mencionado habría convertido tras 40 años sus 10.000€ en algo menos de medio millón de euros, el efecto de un 2% de inflación, contando el interés compuesto, supondría que lo que ahora nos costaría 10.000€, pasaría a costar 22.000€. Es decir, el coste de la vida se habría más que doblado, aunque ciertamente habría compensado retrasar el disfrute de esa cantidad, pensará acertadamente usted, si tenemos en la cuenta ese medio millón.

Al final si se ahorra e invierte periódicamente el efecto del interés compuesto aplicado a la inflación es perfectamente subsanable con su mismo efecto, ahora positivo, en nuestras inversiones, pero al que no perdona es a aquel que o bien no invierte, o peor, no ahorra. Y en este sentido no queremos ni mucho menos desde aquí criminalizar a aquellos que no ahorran, además de estar en su legítimo derecho de no hacerlo no todo el mundo se lo puede permitir.

Entendiendo un poco esto se aprecia con mayor claridad la inviabilidad del sistema público de pensiones español. Ya no es sólo que a corto plazo la baja natalidad en países como el nuestro lo haga inviable, ya que hay menos cotizantes, y más pensionistas a los que pagar su pensión, sino que encima, al no invertir el Gobierno en activo alguno los ahorros de los cotizantes, ya que directamente los ahorros de los cotizantes actuales pagan las pensiones de los pensionistas actuales, la inflación y el efecto del interés compuesto sobre la misma reduce considerablemente el poder adquisitivo futuro de los pensionistas. Y ya la cota más alta de demagogia, tal y como está configurado nuestro sistema público de pensiones, se alcanza pretendiendo revalorizar las pensiones conforme al IPC. Y deberíamos aspirar a mucho más que al IPC, a mí me gustaría llegar holgadamente a mi jubilación, pero con nuestro sistema actual es inviable. Otro gallo cantaría, si el sistema fuese de capitalización, y se invirtiese lo ahorrado al estilo del Norges Bank, el banco central de Noruega, que gestiona los fondos de pensiones públicos, invirtiendo en empresas y activos de todo el mundo.

9

Inversión y especulación

Una operación de inversión es aquella que, después de realizar un análisis exhaustivo, promete la seguridad del principal y un adecuado rendimiento.

BENJAMIN GRAHAM

Inversión y especulación constituyen dos actividades a menudo confundidas, aunque en la práctica resulten ser muy diferentes. Debemos conocer en qué consiste cada una de ellas, ya que de lo contrario corremos el riesgo de pensar que estamos invirtiendo, para constatar, llegado el momento, con todas sus gravosas consecuencias, que estábamos especulando. Y la especulación no tiene *per se* nada de malo, como tampoco lo tiene echar la quiniela, pero la actividad inversora es bien diferente.

Diferencias entre inversión y especulación

Sobre el papel no resulta complicado distinguir a un especulador de un inversor: un especulador adquiere un activo, unas acciones por ejemplo, sin importarle el valor del mismo, con la esperanza de que mañana sea capaz de vendérselo a otro especulador a un precio superior. Por el contrario, un inversor que se precie ha calculado el valor del activo en cuestión, ha constatado que el precio de cotización del mismo es inferior a su valor, y lo ha adquirido con la expectativa de que, si no se ha equivocado, valor y precio de cotización tenderán a converger, es decir, a igualarse, momento en el cual podrá venderlo.

Podemos visualizarlo mejor con el clásico ejemplo del billete de 100€. A un especulador no le importa comprar el billete a 150€, incluso sin saber que vale 100€, si está convencido de que mañana otro especulador se lo va a comprar a un precio superior. Un inversor ha estudiado el billete, ha llegado a la conclusión de que vale 100€, y como el mercado le ofrece la oportunidad de comprarlo a, digamos, 70€, lo compra (o, si el mercado se lo ofrece a 110€, rehúsa su compra).

Funciones económicas de la inversión y la especulación

En relación a sus funciones económicas, sendas actividades las tienen y son por ello necesarias, pero también son muy diferentes.

La principal función de la inversión es la asignación de capital, de forma que los ciudadanos destinan sus ahorros a aquellas empresas o negocios que estiman se lo merecen, por estar tirados de precio por ejemplo. Así, al demandar más de las acciones de la empresa en cuestión, presionarán al alza su precio, que a la larga tenderá a converger o a igualarse con su valor.

Además, el hecho de que una empresa cotice a precios altos, por merecérselo, la ayuda en determinados casos a financiarse en mejores condiciones; esto, a través del mecanismo de la ampliación de capital. Así, imaginemos que de una determinada empresa hay mil acciones en circulación. Esa misma empresa no se financiará igual de bien si su cotización está en cien euros por acción que en quinientos euros por acción. Pensémoslo. Si amplía capital en un diez por ciento de su capital social, es decir, cien acciones, entraría mucho más dinero si cotizase a quinientos euros [50.000€ (100 x 500)] que a cien euros [10.000€ (100 x 100)]. Esto nos da otra pista: si tus acciones cotizan sobrevaloradas, es buena idea financiarte con ampliaciones de capital; caso contrario, mejor acudir a los préstamos clásicos o a la autofinanciación.

La especulación, sin embargo, cumple una función de dar liquidez a la Bolsa, es decir, las compras y ventas masivas de acciones por parte de los especuladores permiten que cuando cualquiera de nosotros queremos adquirir unas acciones de determinada empresa, sea para invertir o para especular, casi siempre exista un vendedor dispuesto a traspasárnoslas a su precio de cotización. En este sentido hay que matizar que no siempre habrá quien nos compre las acciones que ponemos en venta, ya que en ocasiones diversas empresas cotizadas en Bolsa, normalmente las muy pequeñas, no gozan de mucha liquidez, y puede transcurrir un tiempo importante hasta que logremos adquirir o vender acciones de la misma.

Consecuencias de especular pensando que invertimos

Imaginemos que usted decide, tras leer un artículo en su diario económico favorito sobre una empresa cotizada, del índice IBEX 35 por ejemplo, adquirir unas acciones de la misma. Las compra a 10€ por acción, con la expectativa de que suban a futuro porque ha leído que su negocio va a ir bien.

Transcurre una semana y la cotización de sus acciones no varía en demasía, hasta que al día siguiente se levanta, desayuna, abren las bolsas españolas a las 9:00 AM, y horrorizado contempla cómo están cayendo estas un 10%. Ahí es cuando se da cuenta de que ha especulado, porque no es capaz de saber si el valor razonable de su empresa es 10€ por acción, 15 o 6. Busca información sobre la misma y no encuentra nada concluyente, salvo las referencias a su caída, y en medio del agobio decide dejar de sufrir y las vende todas a 9€/acción, es decir, con la pérdida del 10%.

Un inversor serio habría investigado a fondo la empresa y su competencia. Leído sus informes anuales de los últimos años, informes que suelen sobrepasar el centenar de páginas, y los de sus empresas rivales, para entender su situación financiera, estudiaría si gana cuota de mercado o no, si su equipo directivo es competente o deja mucho que desear, etc. Se habría esforzado por entender el negocio y todo lo que le rodea, en definitiva, y después de esto, habría llegado a la conclusión de si la empresa está barata o no en bolsa. Cuando has invertido y tienes convicción, el hecho de que la empresa caiga un 10% no es problema, de hecho es normal en las Bolsas: compras más o no haces nada, pero en ningún caso vendes. Por supuesto, no vendes salvo que veas que te has equivocado, al descubrir algo que desconocías, de forma que constates que ahora vale menos incluso que su precio actual tras bajar.

Otra consecuencia habitual de especular mucho e invertir poco, es que tenderemos a hacer muchas operaciones de compra y venta, y esto tiene asegurado un resultado: muchas comisiones para el bróker, por intermediar en dichas operaciones, y mucho papeleo con Hacienda, con sus correspondientes retenciones en el Impuesto sobre la Renta. La única forma de evitar todo esto y ser eficientes es invertir, y hacerlo a largo plazo.

Sobre esto tenía una frase muy buena Mark Twain, la que sigue: "Octubre es uno de los meses particularmente peligrosos para especular en la Bolsa. Los otros meses peligrosos son julio, enero, septiembre, abril, noviembre, mayo, marzo, junio, diciembre, agosto y febrero".

Especuladores e inversores: experiencia empírica acerca de su éxito

En la vida y en los negocios hay que ser humilde: aprender de nuestros errores y, a ser posible, de los errores de los demás. Lo cierto y verdad es que no existen especuladores en las listas Forbes de multimillonarios, de hecho la inmensa mayoría son inversores, bien directamente en sus propios negocios, como pudiera ser el caso del español don Amancio Ortega, o indirectamente en negocios cotizados y no cotizados de terceros, como el norteamericano Warren Buffett. Si la experiencia empírica nos demuestra que los especuladores, como los aficionados a los casinos, acaban perdiendo su dinero y su tiempo, no existe ninguna necesidad racional de emularles. En este sentido, fijaos que han llegado las pérdidas con la especulación a tal punto que a ciertos brókers les obligan, en sus anuncios, a alertar del porcentaje de clientes que pierde con ellos dinero, que por lo que advierten suele ser superior al 80% de los mismos.

Siendo justos, la especulación ha enriquecido a muchos, pero no por especular, sino por prestar servicios a especuladores o futuros especuladores. Vender libros de especulación o cursos es un negocio fantástico: "hágase rico dedicando 10 minutos de su tiempo antes de desayunar", "jubílese a los 30 y dedíquese a vivir la vida", "véngase a Ibiza y aprenda a ganarse la vida con la Bolsa mientras se toma unas copas en la piscina". Es una pena verlo pero es lo que predomina, porque somos humanos y como tales tendemos a buscar el camino fácil, caemos en la tentación. No sé si estas actividades podrían calificarse de estafa, probablemente a efectos puramente jurídicos no, pero abusos flagrantes del consumidor sí que son, usted hará bien de mantenerse alejado de toda esta tropa.

En cualquier caso, si está usted leyendo esto podrá pensar que si ha adquirido el libro, a mí me llegarán gracias a ello unos ingresos extra. Tiene razón. Enriquecerse no es ni negativo ni mucho menos indigno, siempre y cuando se haya logrado creando valor para la otra parte. Así, yo invierto mi tiempo en poner por escrito lo que conozco sobre estos temas, y si a usted al acabarlo le sirve para invertir mejor, con una cierta sensatez, o al menos para no invertir en aquello que no tiene sentido, y al final invertir es un proceso de descarte, de descartar todo lo que no nos cuadra, tanto el amable lector como un servidor habremos ganado.

A lo largo de la historia se han enriquecido aquellos que han invertido aportando valor para sus congéneres. Como inversores particulares, nuestra principal labor para tener éxito y lograr nuestros objetivos vitales, al menos en su aspecto financiero, será centrarnos en escoger a aquellos gestores de fondos de inversión que vayan a seleccionar a los empresarios que han aportado, aportan y aportarán valor en el futuro, o bien, si nos decidimos por invertir por nosotros mismos, a seleccionarlos nosotros, a través de un proceso de estudio razonablemente exhaustivo. Incluso, como veremos, se nos abre otra posibilidad sobre la que hablaremos más adelante, una tercera vía podríamos denominar: los fondos indexados o de gestión pasiva. Lo que no debemos hacer, si lo que pretendemos es hacer crecer a largo plazo nuestros ahorros, es especular. Es legítimo hacerlo y como hemos comentado cumple su función, pero en este foro no seré yo quien se lo recomiende o fomente.

10

Volatilidad y riesgo

Todo el mundo tiene suficiente cerebro para ganar dinero en la Bolsa, pero no todo el mundo tiene suficiente estómago.

PETER LYNCH

Hoy día está mayoritariamente aceptada la tesis de que el mejor medio para medir el riesgo en determinado activo cotizado, es atender a su volatilidad. Pudiendo constituir en algunos casos un riesgo la volatilidad, la mayor parte del tiempo esta no será un riesgo principal a tener en cuenta, llegando a ser incluso una circunstancia deseable para maximizar nuestra inversión.

La volatilidad en la inversión

La volatilidad, en un activo cotizado, hace referencia a la variación de sus precios en un determinado período de tiempo. Así, si hemos adquirido unas acciones de una empresa cotizada, cuyos precios de cotización suben y bajan sin parar, podemos afirmar que son acciones muy volátiles.

En este sentido, hay que empezar incidiendo en que la volatilidad no es un riesgo *per se*. Los mercados bursátiles al final tienen por objeto fijar el precio de los activos que en ellos cotizan, pero por el hecho de que a lo largo del día, o del tiempo que sea, te ofrezcan muchos precios, no significa que corras un mayor riesgo, porque nadie te obliga a vender o comprar a esos precios, si no te convencen. Si somos propietarios de un bien inmueble muy codiciado, y todas las semanas recibiéramos proposiciones para venderlo, y a diferentes precios, por el mero hecho de recibir precios muy bajos no pensaríamos que nuestro inmueble vale únicamente eso, ¿no? Nos esperaríamos hasta que alguien nos ofreciera un precio atractivo. Con las acciones deberemos tomarnos el asunto igual, saber primero, aproximadamente, cuánto vale la empresa que adquirimos, y sólo vender cuando un día nos ofrezcan un precio ajustado a su valor intrínseco o que nosotros hemos calculado.

Un supuesto en el que la volatilidad de las Bolsas puede resultar un riesgo, se daría de necesitar imperiosamente el inversor el capital invertido, y necesitarlo en un momento en el que, a causa de una mayor volatilidad pasajera, los activos no se pudieran vender a buen precio. Siendo posible en la teoría este supuesto, en la práctica no debería darse si somos sensatos, y un inversor sensato, si invierte en negocios cotizados en Bolsa, sea directamente, adquiriendo acciones, o indirectamente, a través de fondos de inversión, debe tener siempre presente que no debe invertir patrimonio del que no pueda prescindir a largo plazo. Si tiene 20.000€, y sabe que su hijo va a empezar en un par de años sus estudios universitarios, y que dichos estudios van a financiarse con esos ahorros, no se puede permitir invertirlos en Bolsa. Quizás sí en otros activos, pero dos años es corto plazo en Bolsa, y si invertimos a corto plazo corremos el riesgo de que, valga la redundancia, la volatilidad propia de las Bolsas se convierta para nosotros en un riesgo.

Normalmente, si invertimos en Bolsa conforme a los principios básicos fundamentales, sea a través de acciones o de participaciones de fondos de inversión, la volatilidad no será un riesgo sino una fuente de oportunidades, una aliada. Si adquirimos acciones de la aseguradora española Mapfre, por poner un ejemplo, a 2.8€, porque hemos hecho nuestros deberes y calculamos que su valor intrínseco es 3.5€, si fruto de la volatilidad la acción cae a 2.5€, y todo ello sin que haya cambiado su valor intrínseco, tendremos la oportunidad de comprar más barato. Y en este sentido, ni que decir tiene que esto no es una recomendación de comprar acciones de Mapfre, es un mero ejemplo.

El riesgo en la inversión

El principal riesgo a la hora de invertir es hacerlo sin haber hecho los deberes, o habiéndolos hecho deficientemente. Lo explico.

Si, siguiendo con el ejemplo anterior, adquirimos acciones de Mapfre, simple y llanamente porque tiene un buen dividendo, que normalmente lo tiene, corremos dos posibles riesgos. En primer lugar, el riesgo de haber comprado caro, a saber, que el valor intrínseco de Mapfre como negocio sea inferior o muy inferior a su precio de cotización, lo que dará lugar a que a largo plazo su cotización baje, o, si va aumentando la empresa su valor, no suba o no demasiado. En segundo lugar, el riesgo de que, como no sabemos cuánto vale, porque no hemos hecho nuestros deberes, que consisten en analizar la empresa como si de un empresario investigando se tratara, cuando vengan mal dadas, es decir, cuando caiga su cotización, bien porque el valor de la empresa es ciertamente inferior, y el mercado lo está reflejando, bien por la mera volatilidad a corto plazo de las bolsas, nos pongamos nerviosos y vendamos.

Para invertir con ciertas garantías se requiere convicción. Si invertimos en un fondo de inversión, por ejemplo, debemos antes estar convencidos de que el gestor es un gestor profesional y de valía, y que se puede confiar en su trabajo. Así, si el valor liquidativo de su fondo cae, que como sabemos es el equivalente a las cotizaciones en las empresas cotizadas, invertiremos más, o al menos aguantaremos, ya que pensamos estar comprando más barato; por el contrario, si no hemos hecho nuestros deberes a la hora de analizar al gestor que se encarga de invertir nuestros ahorros, no sabremos si podemos confiar o no en él, no tendremos convicción en nuestra decisión de inversión, por lo que cuando, de nuevo, vengan mal dadas, y toque aguantar el temporal, no seremos capaz de hacerlo, y reembolsaremos (reembolsar es el vocablo utilizado para referirnos a la venta de las participaciones en un fondo de inversión).

En ocasiones, incluso la mayor de las convicciones será sometida a una dura prueba. Y es que, aunque las Bolsas están sometidas a una cierta volatilidad, que puede llegar a ser más acusada periódicamente, cada muchos años, décadas normalmente, se producen caídas muy fuertes, como sucedió por ejemplo en 2008 /

2009, o más recientemente, en 2020 durante la pandemia del Covid-19. Estos son momentos en los que el conocimiento que tengamos de inversiones en general, y de nuestras inversiones en particular, es clave, ya que aún conociendo perfectamente las reglas del juego, la presión a las que nos vamos a ver sometidos para vender tenderá a ser tremenda. Y en este sentido, a largo plazo el lograr la excelencia en las rentabilidades de nuestras inversiones vendrá dado, precisamente, por saber aguantar sin vender, cuando no exista ningún motivo de peso para hacerlo.

Haciendo uso de la mitología griega como analogía, en los momentos de temporal bursátil es buena idea actuar como Ulises, protagonista de la Odisea, poema épico de Homero. Cuando este, Ulises, debía atravesar un mar plagado de sirenas, sirenas con no muy buenas intenciones últimas, ordena a sus tripulantes que le aten al mástil de la embarcación, ya que no se fiaba de ser capaz de resistirse al influjo de las mismas. Además, ordenó a los tripulantes que estos se tapasen sus oídos con cera, para que no se viesen influenciados por sus tentadores cantos. La analogía es sencilla, cuando tengamos que atravesar una crisis bursátil lo mejor que haremos es desconectar. Por supuesto, desconectar siempre y cuando tengamos convicción en nuestras acciones o en los gestores de fondos en los que hemos delegado. Estos momentos de fuertes caídas se han demostrado los mejores a largo plazo para invertir, y si estamos convencidos y tenemos liquidez haremos bien en hacerlo, pero si no somos capaces, al menos podremos adoptar la postura de Ulises y sus tripulantes: atarnos al mástil, es decir, no vender, y desconectar del ruido reinante.

Esto último por supuesto es más fácil decirlo que hacerlo, y si invertimos directamente en empresas cotizadas deberemos hacer un esfuerzo por delimitar el impacto que la crisis haya podido tener en nuestra cartera. Por poner un ejemplo, la crisis de 2020, de la pandemia del Covid-19, tuvo un impacto muy fuerte sobre algunos sectores, por ejemplo los relacionados con el turismo. En España, empresas como AENA (gestora de aeropuertos) o Meliá Hotels (propietaria y gestora de hoteles) sufrieron especialmente las consecuencias del confinamiento y las restricciones a la movilidad de personas. Cuando las cotizaciones caen abruptamente, puede que lo hayan hecho exageradamente o puede que no, pero por lo general no debemos creernos aquello de que el mercado es imbécil. No, desde luego los mercados bursátiles no siempre son perfectamente eficientes, pero tampoco toman decisiones del todo injustificadas.

¿Cuánto tardará el tráfico aéreo en recuperar los niveles de 2019?, ¿cómo estarán estas dos empresas en cuatro o cinco años?, ¿tienen suficiente holgura financiera para sobrevivir al mal trago de 2020? Todas estas preguntas tenemos que tratar de responderlas, siquiera aproximadamente, y tomar decisiones en consecuencia. Si nuestra empresa, su cotizaciones, cae un 50%, igual es merecido: si hacemos nuestro análisis y llegamos a la conclusión de que existe riesgo no menor de quiebra, igual no es descabellado tomar la decisión de vender. O viceversa, si estimamos que no va a tener problema para sobrevivir, y que a largo plazo va a valer mucho más, la decisión acertada puede ser comprar más ahora.

La volatilidad como enemigo del inversor: el caso del Magellan Fund

Peter Lynch fue un fantástico gestor de fondos norteamericano, llevando su fondo, el Magellan, a obtener durante los trece años que lo dirigió (1977 - 90), un 29% de rentabilidad anual compuesta. Visto con un ejemplo, un partícipe que invirtiera en 1977 en su fondo 10.000$, los habría visto multiplicarse hasta 273.000$. Pues bien, el efecto en sus partícipes de la volatilidad de los mercados bursátiles fue tal, que la mitad de los mismos perdió dinero, y el retorno medio que los mismos disfrutaron fue del 7% (sobre esto, hay que matizar que no existe un consenso acerca de que ocurriese exactamente así, que resultase tan exagerada la dispersión entre los resultados del fondo y de los partícipes, pero valga en cualquier caso como ejemplo).

Parece casi imposible apañárselas para perder dinero en un fondo de inversión con tales rentabilidades positivas, sumado al hecho de que ningún año presentó rentabilidades negativas, pero si no nos esforzamos por ser racionales acabamos por no serlo: el ciudadano inversor en fondos tiende a invertir cuando un fondo ha subido mucho, y a vender cuando viene de una buena bajada, o de unas rentabilidades decepcionantes. En las caídas, si de verdad hemos invertido a largo plazo, y confiamos en nuestras inversiones, sea invirtiendo directamente o delegando, deberemos hacer el esfuerzo de como mínimo aguantar el tipo, e idealmente invertir más. Al final debemos pensar en los mercados cotizados como si de los no cotizados se tratase: ¿si somos propietarios de dos plazas de garaje de un edificio, y nos ofrecen comprar otra a mitad de precio, no le echaríamos al menos, de poder permitírnoslo, un ojo al tema?, ¿tendría sentido mirar con ojos deseosos esa plaza de garaje que nos ofrecen si el precio de compra fuese el doble del que entendemos ajustado a su valor? Pues eso, hay que racionalizar.

11

Coste de oportunidad

Aquellos que buscan retornos libres de riesgos son más propensos a encontrar riesgos libres de retornos.

WARREN BUFFETT

Coste de oportunidad, en el ámbito de la inversión, es aquello a lo que renunciamos al decantarnos por una opción en detrimento de otra u otras.

El coste de oportunidad a la hora de invertir en acciones

Imaginemos que, después de un concienzudo análisis de las empresas cotizadas españolas, queremos invertir los ahorros de los últimos seis meses y estamos ante dos posibilidades: Red Eléctrica y Hoteles Meliá.

Supongamos, y estos no son datos necesariamente ajustados a la realidad, que Red Eléctrica, que es una empresa que se dedica mayoritariamente a facilitar el transporte de electricidad en España, se compromete a repartir un 6% por acción, a precios de hoy, en dividendos, de aquí a diez años, pero a costa de no crecer en beneficios. Hoteles Meliá, cuya actividad empresarial su nombre perfectamente indica, por el contrario decide no repartir dividendo en la próxima década, pero con la reinversión anual de sus beneficios pretende expandirse y hacer crecer sus beneficios a un 10% anual.

Si comparamos la inversión en Red Eléctrica y la propia en Meliá, al decantarnos por Red Eléctrica tendríamos la comodidad del dividendo, pero sólo aspiraríamos a un 6% anual, a lo que habríamos de restar los correspondientes impuestos cada vez que los cobremos. Con Meliá, sin embargo, si a diez años sus beneficios han crecido a esa media de un 10% anual, su cotización lo reflejará y aumentaremos en esa proporción nuestro patrimonio. Además, si no vendemos, no tendremos que pagar impuesto alguno (tendríamos pendiente la cita con Hacienda, pero la retrasaríamos en el tiempo).

¿Cuál es el coste de oportunidad de una inversión sobre la otra? Sobre el papel, y las cosas nunca son tan sencillas en la realidad, el coste de oportunidad de escoger Red Eléctrica es de un 4% anual compuesto, es decir, renunciamos a ese porcentaje, aunque a cambio disfrutaremos antes de esa ganancia y, sobre el papel, de una mayor certidumbre. Y es que Red Eléctrica, al operar en un negocio regulado, y siendo la electricidad un bien que en la práctica no se puede dejar de consumir, sólo podría ver truncado su negocio por cambios drásticos en la regulación.

El coste de oportunidad de invertir en general

El coste de oportunidad no siempre enfrenta a unas acciones con otras acciones. No sería inusual que por ejemplo un Abogado, de disponer de unos ahorros, y tras acabar Derecho, se encuentre planteándose la posibilidad de cursar unos estudios de postgrado, con vistas a especializarse en una determinada rama del Derecho. Y puede resultar complicado determinar el coste de oportunidad de decantarse por continuar como Abogado generalista, o al menos como Abogado sin especialización formalizada a través de un postgrado, o bien escoger invertir dichos ahorros. No tiene el mismo sentido especializarse en Derecho de Empresa para ejercer en una ciudad como en la que un servidor vive, Jerez de la Frontera, en la que la actividad empresarial es reducida, que hacerlo con el objetivo de ejercer en una ciudad como Madrid o Barcelona, donde la actividad empresarial es frenética. En este supuesto, el coste de oportunidad de no escoger el postgrado puede ser inexistente para el

Abogado jerezano, y enorme para el Abogado que ejerce en la capital de España o en Barcelona.

Por supuesto, siempre existen alternativas, como podría ser, siguiendo el ejemplo, buscar un postgrado más económico, que permitiera dedicar parte de lo ahorrado a sufragar la matrícula del mismo, y a su vez invertir en los activos que estimemos convenientes.

12

Alineación de intereses

Alguien dijo una vez que cuando contratas a alguien debes buscar tres cualidades: integridad, inteligencia y energía. Si la persona que contratas no tiene la primera, las otras dos te matarán.

WARREN BUFFETT

A la hora de invertir, sea directamente o delegando en un tercero, o de ser asesorado en materia de inversión, probablemente el factor más importante a tener en cuenta es la existencia de alineación de intereses, o *'skin in the game'*, que es la expresión que suelen utilizar los ingleses (y que también utilizamos mucho en países de habla castellana).

Alineación de intereses en la inversión directa en Bolsa

Si nos decantamos por invertir directamente en negocios cotizados, haremos bien en seleccionar empresas familiares, o al menos con un accionista mayoritario, a saber: un accionista o grupo de accionistas, de tratarse de una familia, que tiene una porción suficiente de la propiedad de la empresa como para tener el poder a la hora de tomar decisiones de calado. Esto no es garantía de nada, pero sí existirán más posibilidades de que se persiga la creación de valor a largo plazo, en detrimento de intereses a corto plazo (por supuesto, debemos investigar si las decisiones de este accionista de referencia han dado sus frutos en el pasado, creándose valor para el accionista minoritario; caso contrario, ni que decir tiene que mejor evitar la empresa familiar en cuestión).

Y es que todas las empresas cotizadas tienen dueño, pero no todas tienen uno con poder en la toma de decisiones. Cuando millones de personas son las propietarias de una empresa, pero ninguna de ellas *de facto* decide sobre la misma, no existe ningún contrapeso para guiar el barco en la buena dirección, pensando en el largo plazo, y los tripulantes pueden secuestrarlo y acabar así el buque encallando.

El ejemplo paradigmático de esto sucedió en Telefónica, empresa cotizada española. Existían muchos pequeños propietarios, y sigue siendo en parte así, con una mentalidad puramente rentista, legítima por otro lado, con interés única y exclusivamente en los dividendos que la misma anualmente repartía. No existía un contrapeso, un dueño con poder para plantarse para actuar, y la compañía, cada vez más endeudada, continuaba repartiendo mayores y mayores dividendos. Al final todo acabó con el dividendo recortado en un 60%, y una caída de la cotización similar. Hoy día siguen sin tener un accionista mayoritario, pero al menos el equipo directivo, con el Sr. Álvarez-Pallete a la cabeza, ha entendido que o reducen significativamente el lastre que supone su endeudamiento, o corren el riesgo de desaparecer a medio plazo. Y en este sentido, y por ser justos con el nuevo equipo directivo, una política interesante por su parte que han realizado, y es algo que en estos casos debemos analizar, es alargar los plazos de vencimiento que tienen de media sus préstamos, a la vez que reducían los intereses que pagaban por la deuda, refinanciándola en estos tiempos de tipos de interés bajos. De esta forma, es mejor deber 1.000 millones de € a devolver en diez años al 2%, que esa misma cantidad a devolver en cuatro y al 5% anual de intereses.

Como empresa cotizada española ejemplo de lo contrario tendríamos a Inditex. Con don Amancio Ortega como accionista mayoritario, con más de la mitad de la propiedad de la compañía, y el Sr. Isla como Presidente, es una empresa que ha sido capaz de expandirse año tras año a doble dígito, sin deuda, incluso con caja neta –ahorros, para entendernos–, y unos dividendos que crecen ni más ni menos que al mismo ritmo que crecen los beneficios. Una empresa que además goza de ventajas competitivas reseñables, como su capacidad de rápida adaptación de las colecciones de moda a la venta en las tiendas de sus diferentes marcas. Y un ejemplo de esta ventaja competitiva nos lo daba en una charla[1] don Antonio Rubio Merino, antiguo directivo de la empresa, que comentaba que tras ponerse de moda las camisas que vestía el cantante David Bisbal, en España, fueron capaces de diseñarlas, elaborarlas y ponerlas en las tiendas para su venta en cuestión de dos semanas.

Si la inversión consiste en poner probabilidades a nuestro favor, parece plausible llegar a la conclusión de que tenemos más probabilidades de hacer una buena inversión, a largo plazo, adquiriendo acciones de Inditex que de Telefónica. En cualquier caso, el futuro no lo conocemos, y la inversión sensata no es tan sencilla como incluir cuatro datos de dos empresas en un par de párrafos. Sin embargo sí es interesante buscar empresas con dueño, con intereses a largo plazo que estén alineados con los nuestros, y aquí volvemos a recordar que lo comentado sobre estas empresas no deben considerarse recomendaciones de compra o venta, cada uno deberá tomar sus propias decisiones o delegar en un asesor habilitado para asesorar en esta materia.

Alineación de intereses en la inversión en fondos de inversión

Si nos decidimos por delegar en un tercero, que invertirá nuestro patrimonio y el de los demás partícipes del fondo de inversión en cuestión, a cambio de una comisión periódica, también es importante analizar si los intereses del gestor están alineados con los nuestros.

Básicamente existen dos vías para que nuestros intereses estén razonablemente alineados con los del gestor que escojamos: la coinversión del gestor de sus ahorros en el fondo de inversión que gestiona, o la existencia de una comisión basada en la rentabilidad anual del fondo.

Personalmente, prefiero la primera vía a la segunda. Así, si un gestor ha invertido buena parte de su patrimonio en el fondo que gestiona, y en el que nosotros también hemos invertido parte de

---

[1] Instituto Juan de Mariana (7/4/2015), *"Empresarios, directivos y profesionales: los últimos samuráis"*. Recuperado de: *https://youtu.be/JMB71AOE4aM*

nuestros ahorros, este tendrá el incentivo de hacerlo bien a largo plazo, porque le irá en ello su propio patrimonio.

La vía de la comisión por rentabilidad, como comento, no me agrada, porque aunque alinea los intereses, en la práctica supone un incremento importante de las comisiones que como partícipes pagaremos, si el gestor resulta ser bueno, y si lo hemos seleccionado conforme a lo que veremos en el apartado de fondos, tenderá a serlo. Así, si un fondo soporta una comisión de gestión fija baja, por poner un ejemplo, del 0.75% del patrimonio total, pero luego tiene una comisión variable por rentabilidad del 20%, el hecho de que el gestor tenga incentivos para hacerlo bien se verá mitigado por la comisión: los años que el fondo obtenga buenas rentabilidades pagaremos comisiones muy elevadas, y las rentabilidad no serán tantas.

Por lo tanto, me resultan más deseables unas comisiones fijas sobre el patrimonio más altas, de entre un 1 y un 2%, y un gestor que si el fondo va mal también vea reducidos sus ahorros. Así, a largo plazo, y si el fondo obtiene buenas rentabilidades, nosotros saldremos ganando. Y por supuesto también el gestor, que verá como su patrimonio, que ha invertido en su fondo, también se multiplica.

En este sentido, se hace también importante que los gestores tengan sus ahorros invertidos en sus fondos por la tentación de crecer desmesuradamente. Si ganas una comisión fija por el patrimonio bajo gestión, tienes un fuerte incentivo para acumular y acumular todo el patrimonio posible en el fondo. Y esto estaría genial por su parte, siempre y cuando el tamaño no fuese enemigo de la rentabilidad, que en la práctica lo es. Así, no es lo mismo invertir 10 millones de euros, que 100, que 10.000. Si eres un gestor de un fondo enorme, no puedes andar invirtiendo en compañías de muy baja capitalización o tamaño, de menos de 100 millones por ejemplo, porque acabarías por comprarla entera y moviendo su precio de cotización al alza. El tamaño limita, y si el gestor tiene su dinero en el fondo, habrá muchas más probabilidades de que, siendo este consciente, fije un tamaño máximo para el fondo, momento en el que éste se cerraría a nuevas entradas de capital. Y en este sentido hay que decir que esto, aunque era desconocido en España, ha empezado a practicarse en fondos de inversión de autor en los que sus gestores tienen invertido su patrimonio, y en alguno de bancos, lo cual es sin duda una buena práctica que beneficia al partícipe.

Finalmente, en lo que a este apartado se refiere, me gustaría matizar que en la mayor parte de los casos contamos únicamente con la palabra del gestor, y a veces estos entran en contradicciones. Por ejemplo, algún gestor afirmaba siempre que tenía todo su patrimonio invertido en sus fondos de inversión, y te tenías que fiar. Luego, en 2020, sus fondos sufrieron como todos la pandemia del Covid-19, y en una entrevista este gestor afirmó que había realizado una muy importante aportación a sus fondos de inversión, "porque se encontraban más baratos que nunca". Y en ese caso tiene lógica preguntarse: ¿cómo es que has podido hacer una aportación fuerte si se supone que tenías todo tu patrimonio invertido en el fondo? O lo uno o lo otro.

Alineación de intereses en el asesoramiento financiero

Puede darse el caso de que recibamos asesoramiento acerca de dónde invertir nuestro dinero, y aquí es esencial ser conscientes de si el que recibimos es un asesoramiento independiente.

Imaginemos que nos dejamos asesorar por nuestro bróker. Un bróker, como ya comentamos, detenta entre otras una función de intermediación en la compra y venta de activos cotizados en los mercados, o en otras palabras, necesitamos uno para comprar y vender acciones. Pues bien, el bróker cobra una comisión, normalmente con cada operación de las anteriores que se realiza a través del mismo. Tiene por tanto un interés evidente en que se realicen el mayor número posible de transacciones, ya que así percibirá unos mayores emolumentos. Hay que tener cuidado si nuestro bróker nos asesora, o nos brinda formación "gratuita", porque podría luego costarnos bien cara. Podríamos pensar que es casualidad que los brókers, sobre todo los brókers online, siempre ofrezcan formación para aprender a especular, y nunca, o casi nunca, para aprender a invertir, o peor, que digan que es formación en inversión cuando lo es en especulación. Es lógico que lo hagan si lo pensamos, al menos desde el estricto punto de vista de su negocio: si compras unas acciones ahora y no las vendes nunca, o las vendes en tu jubilación, lo cual si se hace bien es muy sensato, les generarás muchos menos ingresos que si todos los días andas comprando y vendiendo acciones para especular.

También debemos ser precavidos cuando acudamos a nuestra entidad de crédito o aseguradora favorita a recibir asesoramiento. Los bancos y aseguradoras cumplen su función, y yo estoy muy convencido de lo necesaria de su existencia, pero en materia de asesoramiento en muchas ocasiones no ha existido alineación de intereses con el cliente. Imagine que lo mejor para usted es la inversión en un fondo de inversión de gestión activa, a largo plazo, que es ajeno a su banco o aseguradora (menciono también a las aseguradoras porque desde hace un tiempo también se dedican a esto, aparte de vender sus seguros). Si su banco se lo recomienda, y le gestiona su operación, recibirá una pequeña comisión anual, pero sus ahorros saldrán en la práctica del banco. Por el contrario, si le recomiendan un producto estructurado, tan de moda últimamente, que es puramente especulativo (p. ej., le damos un 9% de lo invertido si suben a un año las acciones de tres empresas cotizadas, pero sólo si suben las tres), lo más probable, y es cuestión de eso, de estadística, es que las circunstancias previstas en el producto estructurado no se den, de forma que el banco se ha financiado gratis ese año, y a final de año su dinero sigue estando en la entidad. No quiero decir con esto que todos los productos financieros que nos ofrezcan en nuestro banco o aseguradora sean desaconsejables, pero hay que ser conscientes de los incentivos, y que por tanto hay que entender bien lo que contratamos.

13

Ventajas competitivas

Un buen negocio es como un fuerte castillo con un profundo foso a su alrededor. Quiero tiburones en el foso. Quiero que sea intocable.

WARREN BUFFETT

Utilizando un símil medieval, la ventaja competitiva para con una empresa exitosa equivaldría a las murallas y otros elementos defensivos en una ciudad próspera medieval.

De decantarnos por la inversión directa en compañías cotizadas en Bolsa, deberemos buscar aquellas que han sido capaces de mantener en el tiempo un creciente y considerable aumento de sus beneficios. Y en este sentido otro indicador interesante es analizar los dividendos: si llevan décadas aumentándolo ininterrumpidamente suele ser buena señal. A largo plazo, la inmensa mayoría de empresas que lo logran, por no decir todas, gozan de importantes ventajas competitivas.

No todas las ventajas competitivas son igual de efectivas y duraderas

En relación a las ventajas competitivas empresariales, tenemos que ser conscientes de que ni la protección de estas es eterna, ni siempre aportan el mismo nivel de protección frente a la competencia. Imaginemos por ejemplo la preciosa ciudad de Ávila, en España: sus imponentes murallas constituirían una fantástica protección contra agresores en el pasado, siglos atrás, pero con los adelantos tecnológicos en materia bélica de hoy día, no impedirían un ataque efectivo de terceros.

Así, el análisis de una ventaja competitiva no resulta tan sencillo, ya que no basta con identificarlas, lo cual no resulta en exceso complicado, bastando con echar un ojo a las mejores empresas del mundo, las que han aumentado beneficios a una mayor tasa anual y durante el mayor periodo de tiempo, sino que deberemos realizar un estudio acerca de su situación actual, de su resiliencia futura a una posible disrupción tecnológica, o a la entrada de nuevos competidores más innovadores o perseverantes que los anteriores. Además, conforme el tesoro custodiado por el castillo se va volviendo más jugoso, más rentable puede resultar dedicar ingentes recursos a asaltarlo, por lo que no deberemos dar por hecho que la competencia va a actuar igual en el pasado, con rentabilidades menores, que ahora o en el futuro, si dicha rentabilidad se ve incrementada.

Existiendo tipologías de ventajas competitivas que históricamente han funcionado mejor que otras, aguantando con mayor efectividad el paso del tiempo y los asaltos de la competencia, analizaremos en el apartado correspondiente de la obra, el relativo a la inversión directa en acciones de empresas cotizadas, estas categorías de fosos defensivos empresariales que merece la pena buscar.

14

―――

Timing

Timing es un vocablo inglés, ampliamente utilizado también en nuestro país en variados sectores, que hace referencia al momento en el que se lleva a cabo una determinada acción. Así, habremos acertado con el timing en determinada operación si el haberla realizado en dicho momento, y no en otro, nos ha sido beneficioso.

El componente especulativo del timing al invertir

El acertar o no con el timing, en el ámbito de la inversión, tiene un importante componente de especulación, incluso en muchas ocasiones de suerte. Como ejemplo tenemos un caso de libro en los inicios inversores del conocido jugador de baloncesto Fernando San Emeterio, que además de buen profesional en lo suyo es un apasionado de las inversiones.

Pues bien, contaba San Emeterio en una entrevista[2], que en sus inicios como jugador sus padres habían invertido unos ahorros para su persona en Fórum Filatélico, que como su nombre indica, y para los que no la conozcan, se dedicaba a la compra venta de sellos.

―――

[2] Más Dividendos (2-8-2018). Recuperado de: *https://youtu.be/33HprXz_EKk*

En un momento determinado sus padres le animan a invertir en bienes inmobiliarios, comprándose una casa, y para dar la entrada de la misma Fernando decide reembolsar todo lo invertido en Fórum. Poco después esta quebraría, perdiendo los inversores buena parte de lo invertido, y salvando gracias a su perfecto timing Fernando sus ahorros. Pero el éxito de San Emeterio con el timing inversor no acaba allí, y es que más adelante, aconsejado por su madre, empieza a invertir en fondos de inversión de gestión activa, delegando en gestores que invierten en empresas cotizadas. Pues bien, sus inicios con los fondos de inversión tuvieron un timing perfecto, ya que empezó a invertir en los mismos tras las fuertes caídas de 2008/09, beneficiándose así de las posteriores y fuertes subidas, y justo en un fondo de inversión que se demostró rentabilísimo para sus partícipes, y también así para Fernando[3].

El componente de racionalidad del timing al invertir

La capacidad para acertar con el timing no siempre es fruto de la suerte, como hemos comentado también puede traer causa de un concienzudo estudio de la situación en cuestión.

De esta forma, y por poner un ejemplo, si un inversor ha estudiado el sector inmobiliario, y tras hacerlo asimila que es un sector cíclico, puede analizar en qué momento del ciclo inmobiliario se encontraba España en un año determinado, llegar a la conclusión de que el ciclo bajista ya había finalizado o estaba próximo a hacerlo, y que empezaba de nuevo el ciclo alcista, y pasar a invertir en empresas promotoras, que se pudieran beneficiar de una demanda de inmuebles, construyéndolos, o bien en empresas propietarias de edificios de oficinas en grandes ciudades, que se pudieran beneficiar de una subida de precios en el alquiler de sus oficinas. Sendos ejemplos de esto que decimos, y no por ello son ninguna recomendación de inversión, podrían ser las cotizadas españolas Metrovacesa, empresa promotora, y de lo segundo, Colonial, empresa propietaria de edificios de oficinas.

---

[3] Bestinver Internacional, con rentabilidades medias en los últimos quince años de doble dígito.

El timing y la inversión a largo plazo

En general, los inversores particulares haremos bien en olvidarnos del timing, y si invertimos en fondos de inversión, haremos también bien en no fiarnos demasiado de gestores que se dediquen en demasía a tratar de acertar con el mismo. A largo plazo, si sabemos suficientemente lo que hacemos, y estamos diversificados, el efecto del timing se va diluyendo, por lo que no es tan importante acertar por más o por menos a la hora de invertir. Así, siguiendo con el ejemplo de San Emeterio, sus aciertos con el timing en sus decisiones financieras, que como él mismo aclaró no buscó, le beneficiaron, pero si hubiese tenido mala suerte en este sentido en sus inicios tampoco habría sido el fin del mundo, ya que el grueso de sus inversiones las habría realizado más tarde, conforme fuera recibiendo rentas fruto de su trabajo como jugador profesional de baloncesto, unas con mayor suerte o otras con menos.

El timing y la inversión directa en empresas cotizadas

Una buena empresa, que tiene beneficios crecientes en la mayor parte de sus ejercicios, puede tener un mal año, y nosotros podemos tener la mala suerte de invertir justo antes de ese mal año. Pero si hemos hecho bien nuestro trabajo de análisis, y sabemos que el suyo es un buen negocio, únicamente tendremos que aguantar, y a largo plazo se diluirá el efecto de esa mala suerte. Incluso, si adquirimos más acciones después de la caída, podríamos llegar a beneficiarnos de esa mala suerte. Por supuesto, si no hemos hecho los deberes, y hemos invertido sin conocer el negocio, entraremos muy probablemente en pánico, e inevitablemente acabaremos por vender, cristalizando definitivamente la pérdida. Esto es lo único que no nos podemos permitir, adquiramos el activo que adquiramos: comprar sin convicción, sin estar convencidos, fruto de nuestro conocimiento, de que tiene sentido lo que hacemos.

El timing y la inversión en fondos de inversión

Incluso a la hora de invertir en un fondo de inversión cobra especial relevancia conocer al equipo gestor, su forma de invertir, sus métodos, los activos en los que estos invierten. No nos podemos permitir invertir en un fondo de inversión que invierte en empresas cotizadas si no somos conscientes, y asumimos, que la volatilidad existe y que, utilizando un símil, cual barco que navega por el mar, unos días el mar estará más movido, cada varios años tendremos temporales, y un par de veces en la vida puede que el barco se enfrente a olas tan enormes que no nos las podríamos haber llegado a imaginar. Si confiamos en la pericia del capitán y la solidez del navío, no deberemos preocuparnos, y llegado el momento incluso detectaremos que estos momentos difíciles constituyen oportunidades únicas para invertir más, ya que, al final, si se trata de un fondo que invierte en empresas cotizadas, si estas son financieramente solventes para superar crisis, podremos comprarlas a precios de saldo, como si de las rebajas de nuestras marcas favoritas de ropa se tratase.

15

Private Equity

Los fondos de *Private Equity*, también conocidos como fondos de capital riesgo, tienen por objeto la inversión en activos, con la particularidad de que estos últimos pueden ser cotizados o no cotizados (aunque normalmente tienden a ser activos no cotizados).

Un ejemplo de actuación en España de un Private Equity

Hace un par de años, en 2016, pudimos ver en la bolsa española un ejemplo de un Private Equity, GIP en este caso, siglas de Global Infrastucture Partners, invirtiendo en una empresa cotizada, Gas Natural Fenosa, que fue recientemente renombrada como Naturgy. El caso es que GIP adquirió una posición importante, del 20%, a Repsol y La Caixa, y desde entonces han influido en un control de los costes de la misma y una puesta en valor de sus activos. Y es que la ahora Naturgy, era propietaria de activos en cierto modo ocultos, poco conocidos, y que tenían un valor aparentemente no reconocido por la comunidad inversora. Dos años después, la empresa se ha revalorizado en bolsa aproximadamente un 22%, además de repartir en dividendos otro 8%, lo que en dos años hace un 30%, un 15% anualizado, probablemente en línea con las expectativas del fondo.

Fondos de inversión en renta variable y Private Equity: diferencias

El activismo en sus inversiones de los fondos de capital riesgo

A diferencia de los fondos de inversión en renta variable que solemos conocer, los fondos de Private Equity se caracterizan por tomar posiciones de control, a través de la adquisición de las suficientes acciones o participaciones sociales, con el objetivo de llevar a cabo reestructuraciones de las empresas en las que invierten, de forma que al cabo de unos años esta haya creado el suficiente valor como para vender su posición con las suficientes plusvalías o ganancias. A esto también se le viene a llamar en la jerga inversora activismo.

En este sentido suelen ser habituales cambios en el equipo directivo, así como un estricto control de gastos, a través de, por ejemplo, las reducciones de plantilla, uno de los motivos por los cuales este tipo de fondos tienden a no ser vistos con buenos ojos por parte de los trabajadores de las empresas en las que aterrizan.

Capacidad patrimonial y libertad para realizar inversiones enormes

Los fondos de Private Equity también tienen bastante actividad en materia de crédito (préstamos) o bienes inmuebles, y es precisamente por los grandes fondos, en su sentido dinerario, a su disposición, y su libertad para invertir donde y cuanto quieran.

Fondos de empresas cotizadas como Blackstone o Apollo, que tienen a su disposición un patrimonio enorme para invertir, pueden, por decirlo de forma muy simplificada, prestar a quien lo necesita urgentemente, como por ejemplo, a una empresa que aunque rentable a largo plazo, está pasando por un mal momento, o bien adquirir inmuebles que nadie más quiere o puede comprar, a un vendedor que está desesperado por deshacerse de los mismos. Como ejemplo de esto último puede valer el de los bancos españoles, que disponían de unos inmuebles que tras la crisis inmobiliaria eran para ellos una carga, prácticamente activos tóxicos, y que fueron en buena parte vendidos a fondos de Private Equity.

Los fondos de renta variable están muy limitados en este sentido: tienen que invertir necesariamente en activos cotizados y, cuando lo hacen, no pueden superar determinados límites. Un Private Equity puede invertir la mitad de su patrimonio en adquirir un conjunto de edificios de oficinas que un vendedor ofrece, mientras que un fondo de inversión digamos tradicional como mucho podría dedicar, en España, el 10% de su patrimonio bajo gestión a comprar acciones de una empresa propietaria de edificios de oficina, de Colonial por ejemplo.

No todos los activos no cotizados están en venta, y los que lo están suelen estarlo a un precio ajustado a su valor presente

Otra diferencia con la inversión en renta variable propia de los fondos de inversión clásicos, es que normalmente, fruto de no adquirir salvo contadas excepciones activos cotizados, los fondos de Private Equity sólo pueden comprar aquello que un propietario ha puesto en venta, y el propietario, como suele conocer a la perfección su negocio, nunca va a vender su empresa a precio de derribo.

De esta forma, a diferencia de la Bolsa, donde en momentos de crisis podemos encontrar empresas de la máxima calidad cotizando a precios de risa, y viceversa, también podemos encontrar empresas desastrosas cotizando muy caras en época de euforia y optimismo, el Private Equity suele comprar a un precio cercano al valor de lo que adquiere. Es por esto que los fondos de Private Equity tienden a llevar a cabo un activismo importante en las empresas que adquieren, cambiando las formas de hacer las cosas de la misma, ya que necesitan que la empresa adquirida cambie su rumbo y empiece a aportar valor. Todo esto porque, si no logran que unos años más tarde esta valga objetivamente más, difícilmente van a poder sacarla a Bolsa, o vendérsela a un comprador.

El diferente grado de exhaustividad del análisis del Private Equity y los fondos de inversión en renta variable

Además hay que señalar que el examen que los inversores de Private Equity llevan a cabo de las empresas en las que están interesadas, es mucho más concienzudo que el que se puede llevar a cabo en la inversión en empresas cotizadas. En el Private Equity se adquiere una posición muy importante de una empresa, y en consonancia el vendedor debe estar dispuesto a, figuradamente, permitir que su empresa se desnude ante los inversores interesados.

El horizonte temporal de los partícipes de unos y otros

Aunque nuestro horizonte temporal, invirtamos en uno u otro tipo de fondo, debería ser siempre de largo plazo, la diferencia de los Private Equity es que como necesitan tan imperiosamente el largo plazo, por todo lo que hemos comentado, suelen poner como condición a sus partícipes que se comprometan a estar un determinado número de años en el fondo en cuestión, sin salir del mismo.

Esto, por un lado, da tranquilidad al gestor del Private Equity, porque tiene la certeza de que dispone de los años establecidos, siete años por poner un ejemplo, para que sus inversiones fructifiquen. Desde el punto de vista del inversor en acciones que invierte directamente en empresas, y al que le puedan interesar este tipo de empresas, es interesante saber que los partícipes de estos fondos de Private Equity estarán pagando sus comisiones un año y otro hasta que se cumpla el plazo pactado, teniéndose por tanto una mayor certidumbre. Esta certidumbre no se da tanto en los fondos de inversión en renta variable, que suelen ver reducido su patrimonio cuando se produce una fuerte caída bursátil: tanto por el efecto en su valor liquidativo de la propia caída, porque sus acciones valen menos, como por la salida de los inversores asustadizos, que le obligan a malvender las acciones.

¿Son más atractivos los fondos de inversión en renta variable o los Private Equity?

Difícilmente se podría afirmar que son mejores unos u otros, son diferentes, tienen sus ventajas y sus inconvenientes, sobre todo según la época en la que les toque invertir, ya que en épocas de fuertes caídas los Private Equity pueden aprovechar para crear fondos desde 0, reunir capital de inversores terceros y sembrar, aprovechar para invertir muy barato, mientras que en esas épocas los fondos de inversión en renta variable suelen tener que soportar el lastre de los partícipes que, llevados por el miedo y la angustia, piden que se les devuelva lo invertido. Y claro, te toca vender a pérdidas las acciones que forman la cartera del fondo, así difícilmente pueden aprovechar para comprar mucho. En cualquier caso hay que saber que existen y que son una posibilidad.

Incluso para los inversores con patrimonio reducido, que normalmente no podrán acceder a un fondo de Private Equity, siempre quedará la posibilidad de comprar la empresa propietaria de dichos fondos, que se beneficiará de los éxitos de los mismos y de las comisiones que anualmente cobren a sus clientes, y que podremos encontrar muchas veces cotizando en las diferentes Bolsas.

PARTE II

¿En qué activo invertir?

Una vez hemos repasado los conceptos financieros básicos, que nos serán útiles para hacernos una composición de lugar del panorama actual del inversor particular, para poder hablar con propiedad con otras personas interesadas en el tema, o bien incluso para facilitarnos la tarea de no bloquearnos en demasía cuando, para ampliar nuestro círculo de competencia en esta materia, queramos leer libros o artículos, escuchar podcast especializados, o visualizar vídeos o conferencias, tenemos que abordar las clases de activos en los que podemos decidir invertir nuestros ahorros, sus rentabilidades y sus riesgos.

Así, analizaremos el desempeño en el pasado, en relación a sus rentabilidades, de las empresas cotizadas en Bolsa, los bienes inmuebles y los títulos de deuda (bonos, bien de empresas o bien de Estados). Cada uno de ellos presenta una serie de ventajas e inconvenientes, que los hacen adecuados, o no, para un determinado perfil de inversor, según su horizonte temporal y sus expectativas de incremento de su patrimonio.

Una vez finalizada esta segunda parte, abordaremos las diferentes formas de inversión que existen, para convertirnos en dueños de empresas cotizadas. Posicionamiento que no necesariamente significa desdeñar el restante abanico de activos disponibles para los diferentes perfiles de inversores particulares, ni mucho menos. Personalmente es el activo que mejor conozco y que considero es el más competitivo a largo plazo, teniendo en cuenta su riesgo / beneficio.

16

Empresas

El tiempo es el amigo de la compañía excelente y el enemigo de la mediocre.

WARREN BUFFETT

La experiencia empírica nos demuestra, si tenemos en cuenta los datos desde que estos se recopilan, que la empresa cotizada como activo ha resultado ser el más rentable.

A mayor creación de valor, mayor rentabilidad

Si estamos de acuerdo en que, a largo plazo, la rentabilidad de un activo está directamente relacionada con su creación de valor para la sociedad, siendo la misma en libre mercado, con sus decisiones en el marco de las leyes de oferta y demanda, la que lo determina, tiene sentido que las empresas sean el activo más rentable para el inversor.

Pensemos contra qué otros activos compite, o se compara, la empresa: bienes inmuebles y títulos de deuda (bonos, bien corporativos o de empresas, bien soberanos o de Estados). Un bien inmueble ciertamente aporta valor, ya que te aporta la utilidad de vivir en él, o de utilizarlo para otros fines, por ejemplo fines empresariales, pero es un activo relativamente sencillo, cuya aportación de valor es limitada, al menos en relación al mundo de las empresas, que han ido evolucionando en los bienes y servicios que ofrecen. Definitivamente, el conjunto de inmuebles tienden a aportar menos valor que el conjunto de empresas.

Valoremos ahora los títulos de deuda, que vamos a denominar bonos. La aportación de valor de los préstamos proviene de la financiación de otras actividades, como podría ser la compra de una vivienda o la apertura de una empresa. Por pura lógica, la vivienda y la empresa tenderán, en media, a aportar más valor que el préstamo que las ha financiado, ya que si no lo creasen nadie en su sano juicio desearía acceder a dicha financiación. Así, si obtenemos un préstamo con garantía hipotecaria, con un coste del 2% anual, esperaremos obtener por la renta del arrendamiento del inmueble en cuestión, después de descontar gastos e impuestos, más de dicho 2%. Y en relación a la apertura de una empresa sucederá lo mismo, si nuestro banco de confianza confía en nuestra empresa, y nos concede un préstamo para empezar dicha aventura empresarial, al 5% de interés anual, sería razonable pensar que lo hemos contraído con la expectativa de lograr más de ese 5% anualmente. Por supuesto habrá inmuebles y empresas que acaben por rentar menos que el coste de financiación, ahí entra en juego el riesgo, intrínseco a cada operación, pero la mayoría de arrendadores de inmuebles y de empresarios tenderá a lograr sus metas. Y lográndolas, ganarán ellos y también el prestatario, pero más los primeros, ya que han aportado más valor a la sociedad.

Ya para finalizar este apartado, pensemos en el oro. ¿Qué valor aporta? El oro, salvo que lo empleemos, si somos orfebres, en la elaboración de joyería u otros productos similares, no produce nada. Es un depósito de valor, sin duda, históricamente el oro siempre ha tenido una utilidad en nuestra sociedad, especialmente en su faceta de dinero ideal, pero su rentabilidad en época moderna ha ido de la mano de su aportación de valor, y su aportación de valor ha sido muy reducida. Si lo consideramos dinero, eso sí, ha sido considerablemente más rentable que cualquier dinero fiat, el dólar por ejemplo, utilizado hoy día. Si intercambiamos nuestro patrimonio dinerario por lingotes de oro, a muy largo plazo muy probablemente no perderemos poder adquisitivo, es decir, nuestra rentabilidad se encontrará cercana al crecimiento de la inflación o aumento del coste de la vida, pero poco más. Otro asunto es que debamos soportar una inflación elevada en el futuro, que dada la propensión de los Bancos Centrales a aumentar la masa monetaria, que viene a ser la cantidad de dinero en circulación, no es del todo descartable, y en cuyo caso el oro podría convertirse, más si cabe, en un estupendo refugio para protegernos de dicha inflación.

¿Cuál ha sido la rentabilidad de las empresas cotizadas?

Si utilizamos para nuestra medición las empresas cotizadas en Estados Unidos y en Reino Unido, por resultar estas las clásicas y más antiguas, y sobre todo, aquellas de las que se han hecho más estudios y a más largo plazo, obtenemos los siguientes datos:

Conforme al reconocido estudio de Jeremy Siegel[4], la rentabilidad real de las empresas cotizadas en los Estados Unidos, es decir, descontando la inflación, de haberse reinvertido en las mismas los dividendos que periódicamente repartían, ascendería para el período de los últimos 210 años, entre 1802 y 2012, a un 6,6% anualizado.

En relación a las empresas cotizadas en Reino Unido, si atendemos a los datos de otro reconocido informe[5], centrado en el histórico país europeo, obtendríamos una rentabilidad real, de nuevo reinvirtiendo los dividendos, para los últimos 117 años, entre 1900 y 2017, de un 5,5% (en el mismo informe se incluye asimismo, para este mismo período, la rentabilidad real de las empresas cotizadas a nivel global, ascendiendo la misma a un 5.2%).

Los riesgos inherentes a la inversión en empresas cotizadas

Aunque ya hemos señalado que la volatilidad puede ser en supuestos puntuales un riesgo, el principal riesgo que tendremos que tener presente es el de perder capital de forma permanente. Así, si compramos acciones de una empresa cuyo valor aproximado es de 1.000 millones de €, y su capitalización bursátil es de 500 millones, esta podrá descender puntualmente a 400 millones, pero si hemos hecho nuestros deberes, y sabemos que vale más, no venderemos y a

---

[4] J. SIEGEL, *Stocks for the long run.* 2004.
[5] E. DIMSON, P. MARSH y M. STAUNTON, *Global Investment Returns Yearbook 2018 – Summary Edition*, 2018, Credit Suisse Research Institute.

largo plazo el mercado acabará por reconocer el valor intrínseco de dicha empresa. Sin embargo, si cuando su capitalización bursátil desciende a 400 millones, perdemos los nervios y vendemos, habremos cristalizado la pérdida, pero el riesgo no provendrá del negocio de la empresa, sino de nuestro control de las emociones. Y en este sentido, si hemos constatado que nuestra valía para soportar los vaivenes de los mercados bursátiles es dudosa, haremos bien en mantenernos alejados e invertiremos en otro activo.

Matizado esta vertiente del riesgo de invertir en empresas, que como vemos depende más de nuestra persona que del buen hacer de las empresas a largo plazo, siempre existirá el riesgo de que perdamos toda o parte de nuestra inversión en determinada compañía, por haber perdido dicha compañía todo o parte de su valor. Este riesgo, sin embargo, tiene una solución, diversificar. Si invertimos en acciones de empresas cotizadas, cometeremos errores, a veces merecidos, por ejemplo si no hemos sabido valorar debidamente una empresa, o directamente no la hemos valorado, y a veces inmerecidos: la empresa puede simplemente tener mala suerte, como por ejemplo de ser sus activos expropiados o nacionalizados por el Estado donde estos se encuentran. La manera de sobrevivir a estos baches es, como se suele decir, no poner todos los huevos en la misma cesta.

Asimismo, y como veremos en el apartado de inversión en empresas cotizadas, el riesgo de quiebra se ve reducido casi por completo si invertimos en empresas con caja neta, o en otras palabras, sin deuda y con un capital ahorrado y disponible, o al menos sin apalancamiento o deuda. Si a esto le sumamos la adquisición por nuestra parte de empresas con activos liquidables llegado el caso, que se puedan vender fácilmente, nos cubriremos aún mejor.

Por supuesto, una forma rápida de perder dinero de forma permanente es sobre pagar, es decir, adquirir acciones a un precio muy superior al que, dentro de lo razonable, se merecen atendiendo a su valor intrínseco. Pero incluso en este supuesto, si la empresa que hemos adquirido crea valor todos los años, se verá mitigado o suavizado el riesgo de perder dinero de forma permanente, ya que conforme pasen los años su valor irá aumentando y la cotización irá detrás.

En suma, estamos ante activos en media muy rentables, y que, aunque acarrean diversos riesgos inherentes a su naturaleza, si diversificamos, compramos con sensatez, y controlamos nuestras emociones cuando vengan curvas, que vendrán, porque la volatilidad siempre va a estar presente, en mayor o menor medida, a largo plazo nos irá estupendamente.

17

Bienes inmuebles

La casa es una cobertura perfecta contra la inflación y un refugio estupendo durante una recesión, por no hablar de lo bueno que es tener un techo sobre la cabeza.

PETER LYNCH

Los bienes inmuebles constituyen la inversión española por excelencia. En un mundo donde la mayoría opta por primar la vivienda en alquiler, en combinación con la inversión en empresas cotizadas, bien directamente, bien a través de fondos de inversión, en España tradicionalmente no hemos dado especial importancia a la cultura financiera, y nos hemos centrado en adquirir una o varias viviendas, endeudándonos a través de la financiación que proveían figuras como los préstamos con garantía hipotecaria.

En este sentido, si obviásemos el todavía reciente batacazo del mercado inmobiliario en nuestro país, a largo plazo no podríamos menos que alabar la elección de decantarse por los bienes inmuebles de la sociedad española: si bien su rentabilidad ha resultado ser a largo plazo inferior a la de las acciones de empresas cotizadas, en retrospectiva sí que ha resultado más rentable que destinar los ahorros a la adquisición de bonos corporativos o bonos del Estado, o en otras palabras, convertirnos en prestatarios de grandes empresas y gobiernos, a cambio de un interés periódico o cupón, y por supuesto mucho más rentable que tener los ahorros debajo del colchón. Como veremos, es un activo que ha permitido mantener el poder adquisitivo de las familias a largo plazo.

Una de las características que hace del bien inmueble un activo tan estupendo para el ciudadano no interesado en ampliar sus conocimientos en temas financieros, es que este se puede efectivamente comprender. Si comprendes un activo, si estimas aproximadamente su valor, difícilmente lo vas a vender a un precio menor del que le corresponde, salvo que concurran circunstancias de imperiosa necesidad. Además, es un activo cuyo valor, aunque varía todos los días, como sucede todos los activos, no cotiza en los mercados bursátiles, por lo que todas aquellas personas que no soportan bien la volatilidad no se ven tentadas de vender su inmueble por perder los nervios ante una fuerte caída.

Los bienes inmuebles, asimismo, son una inversión para casi todos los bolsillos, ya que si el ciudadano no puede permitirse adquirir una casa como inversión, con vistas a alquilarla, si se ha ahorrado mínimamente se podrá acceder a una o varias plazas de garaje, cuyos rendimientos serán similares, proporcionalmente a lo invertido, al de una vivienda, y además se ahorrará muchos líos y gastos, ya que al fin y al cabo no existe activo más sencillo que una superficie en la que aparcar un vehículo.

Otra ventaja de la inversión en bienes inmuebles es la posibilidad de llevarla a cabo de forma apalancada, o en otras palabras, a través de financiación. Si se consigue un préstamo con garantía hipotecaria a un buen tipo de interés, con tener para la entrada de la vivienda, si luego conseguimos arrendarla podemos lograr rentabilidades muy interesantes. Aunque, por supuesto, debemos ser consciente de los riesgos, entre los que se encuentra el hecho de que no seamos capaces de encontrar un inquilino rápidamente, o el de que, si la hipoteca no es a tipo fijo, sino variable, se nos dispare el interés y con ello la cuota periódica de nuestra hipoteca.

A pesar de ser un activo sencillo, la inversión en este mercado, si se aspira a obtener resultados económicos excepcionales, también tiene su intríngulis, su dificultad. Como todos los negocios, en cualquier caso. Incluso en el mercado bursátil, de cumplir uno con una serie de principios fundamentales, y no alejarse de los mismos, se pueden obtener buenos resultados, como veremos. Lo complicado, en una u otra inversión, es obtener resultados destacados. No es lo mismo adquirir una vivienda por 300.000€, que tras arrendarla nos renta 10.000€ anuales, que adquirirla en otra zona de la ciudad, por el mismo precio, y que nos rente 30.000€. Lograr una rentabilidad del 3% anual es relativamente fácil, que esta sea del 10% ya denota cierta profesionalidad y pericia del inversor, y sin duda es una operación de mérito. Esto es similar con las acciones, todo el mundo puede comprar acciones de Inditex, siguiendo proporcionalmente las cifras anteriores, cuando su capitalización bursátil es de 90.000 millones de € y sus beneficios de 3.000 millones; lo complicado es comprar sus acciones cuando su capitalización es esa misma, 90.000 millones, pero sus beneficios ascienden a 9.000 millones de € (misma compañía, diferentes rentabilidades: 3 y 10%). Por supuesto, el mercado bursátil, aunque no siempre acierte fijando los precios de las empresas cotizadas, tampoco es del todo irracional: si las acciones de Inditex cotizan a tan bajo precio será por alguna razón que habrá que investigar, para determinar si esta preocupación es relevante o no. A Inditex, p. ej., le afectan los inviernos menos fríos, ya que venden menos prendas de invierno, que son las que presentan mayores márgenes de rentabilidad para la compañía, y además, siendo una compañía que presenta sus resultados en euros, pero que vende en países de todo el mundo en sus diferentes divisas, le afecta negativamente un euro fuerte, que se haya apreciado mucho en comparación al resto de divisas, por lo que si te gusta Inditex para el largo plazo, pero no quieres comprarla a precio de oro, que es su precio habitual, puede ser interesante estar atento a una posible conjunción de una climatología adversa y un euro fuerte.

Para inversores más avanzados, que estén interesados en ampliar sus conocimientos en el mundo de las finanzas, hay que mencionar la posibilidad de adquirir acciones de empresas cotizadas, cuyos negocios giren en torno a bienes inmuebles. Por poner algunos ejemplos, tenemos empresas cotizadas cuyo negocio es arrendar edificios de oficinas a grandes multinacionales, caso de Colonial; tenemos empresas, propietarias de suelo apto para edificar, que se dedican a la promoción inmobiliaria, caso de Metrovacesa; o bien, podemos optar por empresas propietarias de fondos de inversión, que a su vez invierten en adquirir grandes grupos de viviendas a precios de saldo, cuando nadie tiene suficiente capital como para adquirirlos, para luego revenderlos cuando vienen tiempos mejores, caso de Blackstone, un Private Equity, concepto que ya tuvimos ocasión de ver. Por supuesto, el hecho de invertir en empresas cotizadas cuyos negocios giran alrededor de los bienes inmuebles tiene sus ventajas y desventajas: como ventajas, el hecho de que podemos disfrutar de las rentabilidades de inmuebles inmejorablemente situados a los que difícilmente podríamos nosotros aspirar. Por poner un ejemplo, Colonial posee sus edificios en lugares céntricos de Barcelona, Madrid y París, localizaciones que son las primeros en beneficiarse de una subida de los precios y son más solicitadas, a diferencia de un inmueble que se encuentre en una pequeña ciudad. Otra ventaja además es que no nos tendremos que preocupar de buscar inquilinos y atender sus demandas, nos limitaremos a recibir nuestros dividendos y listo, aunque por supuesto, haremos bien en fiscalizar y seguir el desarrollo del negocio de cada empresa cotizada, por ejemplo leyéndonos trimestral y anualmente sus informes, lo cual también requiere de una mínima y periódica dedicación. En cuanto a las desventajas, está el hecho de que son empresas que van a cotizar, y por tanto estarán sujetas a una volatilidad en sus precios que en determinados momentos podrá llegar a ser muy fuerte, de forma que si no soportamos bien la misma, lo más sensato será adquirir un inmueble personalmente. Y además, para finalizar, está el hecho de que no controlamos lo que se hace y deja de hacer con los inmuebles y con los beneficios de los mismos... aunque al final cuando se delega se trata de eso: confiar en profesionales que gestionen mejor que nosotros; caso contrario, de que no confiemos en los mismos o que no hayamos investigado lo suficiente como para saber si el equipo directivo merece nuestra confianza, mejor obviar los negocios cotizados y adquirir nuestra vivienda o plaza de garaje personalmente.

La rentabilidad histórica de los bienes inmuebles

Metámonos en harina y veamos la rentabilidad de los inmuebles, que este apartado del libro se supone que va de rentabilidades y riesgos de los diferentes activos, pensará usted. No faltándole razón, me he querido extender un poco sobre la inversión en inmuebles propiamente dicha, porque la tercera parte del libro se enfoca en la inversión en acciones cotizadas, y no la vuelvo a tratar (aunque si está usted interesado en este tipo de activos, frente a otros como las acciones, por las razones que sean, libros especializados no le faltarán para ampliar su círculo de competencia en la materia).

Pues bien, la rentabilidad real, es decir, descontada la inflación, de los bienes inmuebles, utilizando los datos conocidos para el mercado estadounidense, recopilados en un famoso índice[6], entre 1915 y 2015, ha resultado ser de un 0.6%. Así, en términos generales, y desconociendo las rentabilidades en otros países como el español, podemos afirmar que la inversión en vivienda permite mantener poder adquisitivo. Esto, por supuesto, si utilizamos la vivienda para vivir en ella; si la arrendamos, obtendremos asimismo el plus de dichas rentas, aunque tendríamos que restar todos los gastos inherentes a esta actividad.

---

[6] *S&P/Case-Shiller U.S. National Home Price Index.*

18

Bonos

Sólo hay dos medios de pagar las deudas: por el trabajo y por el ahorro.

THOMAS CARLYLE

Cuando adquirimos un bono, u otro instrumento financiero de deuda, nos convertimos en acreedores de un tercero, deudor, durante un período de tiempo determinado, y en una determinada divisa, a cambio del pago de un interés anual, denominado cupón. Al finalizar el período de tiempo concertado, recuperaremos además el principal, es decir, lo invertido inicialmente. Esto, en palabras técnicas, pero básicamente prestamos un dinero a una empresa o Estado a cambio de unos intereses, y de recuperar al final del plazo que hemos pactado la cantidad prestada.

Bonos soberanos y bonos corporativos

Atendiendo al destinatario del préstamo, podemos clasificar los bonos según sea el deudor un Estado (bonos soberanos) o una empresa (bonos corporativos). Tanto los unos como los otros requerirán de un análisis, similar al que podríamos llevar a cabo en la inversión en empresas cotizadas, para determinar la salud financiera del Estado o empresa en cuestión. Normalmente aquellos Estados o empresas con finanzas más saneadas ofrecerán un interés o cupón anual más reducido, y viceversa, pero en ocasiones, como también sucede con las empresas cotizadas, el riesgo a contraer no se corresponde con la realidad empresarial o soberana, lo que puede dar lugar a oportunidades, o a potenciales situaciones de riesgo innecesario. En cualquier caso, invertir en bonos directamente no nos evita el obligado trabajo de análisis, otro asunto será que deleguemos en un fondo de inversión que invierta en bonos.

Los bonos y el riesgo divisa

Como ya comentamos, a la hora de analizar el concepto de riesgo, cuando adquirimos bonos, es importante ser conscientes de que la relación entre prestamista y prestatario se formaliza en una determinada divisa, en una moneda, y que esto puede afectarnos y mucho, positiva o negativamente.

De esta forma, un bono de un Estado como puede ser Turquía, cuya divisa, la lira turca, está protagonizando una importante crisis, puede ser un quebradero de cabeza, porque todos los cupones o intereses, cada año que se cobran, así como el principal, a recibir en el momento del vencimiento del bono, deben cambiarse a la divisa del poseedor del bono, y de poco nos valdrá cobrar un interés estupendo, si luego la lira turca se devalúa mucho en relación al euro o a la divisa de nuestro país.

En relación al riesgo divisa, tenemos que aclarar que existen bonos que cubren la divisa, o en otras palabras, que a cambio de una rentabilidad menor, si adquirimos este tipo de bonos, no nos veríamos afectados negativamente por los cambios en las cotizaciones de las divisas.

Otros riesgos al invertir en bonos: impago y volatilidad

Ni que decir tiene que el riesgo principal a la hora de invertir en bonos es el impago por parte del acreedor, aunque no es el único riesgo. Los bonos también cotizan, y su cotización sube y baja diariamente. Esto no nos afectará si estamos dispuestos a mantener el bono hasta su vencimiento, pero si nos encontrásemos en una situación de necesidad, y necesitásemos reembolsarnos el principal, es decir, lo invertido inicialmente en el bono, podría darse el caso de que tuviéramos que venderlo a pérdida. Así, si ha aumentado el riesgo de impago del deudor, pero el tipo de interés de nuestro bono no lo reflejaba en su momento, para encontrar un comprador dispuesto a agenciárselo en esas condiciones tendremos que asumir una pérdida del principal; por el contrario, podemos tener la suerte de que, ante una percepción de riesgo de impago menor, el adquirente de nuestro bono nos dé una prima a cambio de quedárselo, es decir, que nos devuelvan más de la cantidad invertida inicialmente.

Bonos más o menos garantistas en el supuesto de impago del deudor

Ante la posibilidad de un impago por parte del deudor, hay que señalar que pueden existir diferentes tipos de deuda para con una misma empresa[7], atendiendo a la posición, mejor o peor, a la hora de cobrar ante un impago. Y en este sentido, en el caso de un default o suspensión de pagos de un Estado nos podemos ir olvidando de cobrar, es algo que tendremos que tener en cuenta si nos decantamos por los bonos soberanos.

De producirse un impago se liquidará el patrimonio de la empresa en cuestión, dedicándose lo obtenido a satisfacer a los acreedores de la misma. Como acreedores, tendremos mayores posibilidades de cobrar lo que nos corresponda, todo o parte, según el tipo de deuda que hayamos contraído. Y en este sentido, hay que aclarar que a cambio de ostentar una mejor posición a la hora de cobrar tenderemos a obtener unos intereses o cupones más reducidos.

El análisis de los activos del deudor a la hora de comprar bonos corporativos

De decidirnos por los bonos corporativos, además de la capacidad de hacer frente a sus pagos, es importante analizar los activos de la empresa en cuestión (los Estados también tienen activos, pero difícilmente seremos capaces de que nos paguen con los mismos, en caso de quiebra). Imaginemos, por ejemplo, que una empresa se

---

[7] Para ampliar información en esta materia: *"El inversor español inteligente"*, Miguel de Juan Fernández, pp. 162 - 188.

encuentra en dificultades, y se nos ofrece la posibilidad de adquirir un bono de la misma con un interés muy atractivo, aunque con la condición de que seremos los últimos en cobrar, de ser incapaz esta empresa de hacer frente a sus pagos. Pues bien, si analizamos el patrimonio de la compañía, y descubrimos que dispone de suficientes activos como para pagar a sus acreedores y que tras ello quede un remanente, un extra, y que además son activos para los que existiría una razonable facilidad de encontrar para ellos compradores, no resultaría tan importante el orden de cobro, y podremos asumir el riesgo de tener la deuda de peor calidad, a cambio del mayor interés.

En cualquier caso, hay que avisar de que como en el caso de la inversión en empresas cotizadas, la inversión sobre el papel puede parecer sencilla, pero en la práctica se dan muchísimas más variables que habrá que tener en cuenta para no meter la pata. Y aquí es donde entran los fondos de inversión, que nos permitirán invertir en bonos, sean corporativos, soberanos, o una mezcla, a cambio de pagar una comisión.

La rentabilidad histórica de los bonos

Los beneficios que obtenemos, invirtamos en un activo o en otro, tiende a ir de la mano de la creación de valor para la sociedad que estos crean. En el caso de los bonos, tiene lógica, si reflexionamos al respecto, que hayan cosechado unas rentabilidades, a largo plazo, menores que las acciones de empresas cotizadas o los bienes inmuebles. Pensémoslo. Sería contrario a toda lógica económica que resultase más rentable financiar la adquisición de una casa, o la apertura de un negocio, que los beneficios medios de ser propietario de ese inmueble o del negocio en cuestión. Esto último en circunstancias normales, salvando por supuesto la posibilidad de que coincidan un prestamista hábil y un prestatario ingenuo o poco informado.

En cualquier caso, las rentabilidades de los bonos, en su conjunto, han permitido a largo plazo mantener el poder adquisitivo, es decir, han aportado unas rentabilidades superiores a la inflación, aunque difícilmente nos vamos a enriquecer mucho con ellos, salvando períodos puntuales de la historia. Hoy día, la rentabilidad de los títulos de deuda española a largo plazo, por ejemplo, no supera la inflación, de hecho a corto y medio plazo la rentabilidad es directamente y anormalmente negativa, y la de las empresas cotizadas está en mínimos, especialmente en Europa. Así, en Estados

Unidos, en los últimos 210 años (conforme al ya anteriormente citado estudio de Jeremy Siegel[8]), los bonos habrían rentado, descontada la inflación, y reinvertidos en más bonos los cupones recibidos, un 3,6% anual; asimismo, la rentabilidad de los bonos del tesoro estadounidense para dicho periodo, sería del 2,7%.

Respecto a los últimos 117 años, entre 1900 y 2017, y por comparar con los datos ya mencionados para la rentabilidad de las acciones de empresas cotizadas[9], la rentabilidad de los bonos en Estados Unidos habría sido de un 2%, mientras que los bonos soberanos habrían aportado un raquítico 0.8%. En este mismo período, atendiendo a Reino Unido, los bonos nos habrían proporcionado un 1,8%, y prestarle dinero al Estado inglés un 1%.

Como curiosidad, aunque relevante para decidirnos a invertir y a aprender más sobre el tema, los dólares guardados debajo del colchón, y por tanto sin dedicarlos a inversión alguna, habrían rentado a 210 años vista un -1,4%, y esa sería por tanto la pérdida de poder adquisitivo que obtendríamos, a multiplicar por supuesto por el número de años que ese dinero estuviera ocioso. El coste de oportunidad de no invertir es por tanto reseñable, en la práctica deberemos invertir todo nuestro patrimonio que no vayamos a necesitar a largo plazo, salvo que nuestro círculo de competencia en materia de inversiones sea tan reducido que no debamos invertir, supuesto en el que lo recomendable pasará por aprender más e invertir cuando nos podamos intelectualmente defender.

---

[8] J. SIEGEL, *op. cit.*, nota 3.
[9] E. DIMSON, P. MARSH y M. STAUNTON, *op. cit.*, nota 4.

PARTE III

Vías u opciones para invertir en empresas cotizadas

No resultando la volatilidad un problema si invertimos a largo plazo un dinero que no vayamos en principio a necesitar, llegando a ser de facto una aliada, y representando la empresa cotizada el activo que mayor cantidad de valor tiende en media a crear en este horizonte temporal, y que por tanto más rentable potencialmente resulta, lo más sensato y racional parece dedicar buena parte del patrimonio que queramos dedicar a la inversión a este tipo de activo.

Como vamos a descubrir en este apartado, existen muy variadas formas de invertir en empresas cotizadas, todas perfectamente combinables y para nada excluyentes las unas de las otras. Según el perfil del inversor, su mayor o menor capacidad para sobrellevar los momentos difíciles en soledad, su convicción o ausencia de la misma en relación a su habilidad para escoger las mejores empresas o más exitosos gestores de fondos, y el tiempo y ganas que el mismo esté dispuesto a emplear para gestionar sus inversiones, se ajustará más a su persona la inversión directa en acciones o la inversión indirecta en las mismas a través de fondos de inversión.

En cualquier caso, lo importante es empezar cuanto antes a formarnos y a invertir, de forma que pongamos nuestro dinero a trabajar. Y es que cuanto antes lo hagamos, antes empezaremos a acumular experiencia, a beneficiarnos de los efectos del interés compuesto, y a evitar perder poder adquisitivo fruto de la inflación (aunque por supuesto, nunca deberemos forzar a la hora de invertir, si no nos consideremos suficiente preparados deberemos seguir formándonos o bien empezar invirtiendo una pequeña parte de nuestro ahorros).

19

Inversión en fondos de inversión indexados o de gestión pasiva

Las razones de los rendimientos superiores de los fondos indexados son la máxima diversificación y los mínimos costes.

JOHN BOGLE

¿En qué consiste la inversión pasiva o indexada?

El fundamento de la inversión pasiva o indexada es relativamente sencillo. Como sabemos, un índice bursátil representa las rentabilidades, positivas o negativas, de un conjunto de empresas que cotizan en los mercados bursátiles. Así, el IBEX 35 es una representación de 35 valores que cotizan en las Bolsas españolas, pero no es el único índice de empresas cotizadas españolas.

Un fondo indexado lo que lleva a cabo es una inversión simultánea de la totalidad de su patrimonio en todas las empresas que forman un determinado índice, invirtiendo más o menos en cada empresa dependiendo, normalmente, de su mayor o menor capitalización bursátil. Así, si Inditex representase un 5% del IBEX 35, el fondo indexado a este índice invertiría el 5% de su patrimonio en la misma. De esta forma, lograremos aproximadamente la rentabilidad del índice al que nos hemos indexado, el IBEX 35 en este caso siguiendo con el ejemplo, ni más ni menos. Para que esto funcione, las comisiones deben ser lo más reducidas posibles, ya que cuanto mayores sean más nos alejaremos de los resultados del índice en cuestión (así, si el IBEX 35 logra este año un 10%, el fondo indexado al mismo logrará ese resultado menos su comisión).

¿Qué rentabilidades podemos esperar de la gestión pasiva?

De las tres vías que hemos seleccionado para invertir en negocios cotizados en Bolsa, la propia de la inversión pasiva es en la teoría la que menores rentabilidades potenciales presenta, ya que su objetivo es lograr acercarse a las rentabilidades que el índice o conjunto de empresas cotizadas que elijamos logre. Cuando invertimos en fondos de inversión, aspiramos a seleccionar a los gestores que lograrán obtener rentabilidades, después de comisiones, superiores a las de su índice de referencia, mientras que cuando invertimos directamente en Bolsa aspiramos a lograr rentabilidades superiores a la de los gestores que operen en nuestro índice de referencia.

En este sentido, decía un famoso jugador de beisbol norteamericano, Yogi Berra, que "en teoría no hay diferencia entre la teoría y la práctica, pero en la práctica sí la hay". Así, en este caso, con las estadísticas en la mano, resulta que en la práctica la inmensa mayoría de los gestores de fondos de inversión en renta variable lo hacen peor, después de cobrar sus comisiones, que su índice de referencia. Si, siguiendo la teoría, la inversión indexada consiste en lograr las rentabilidades de un índice, en la práctica tenderemos a obtener mayores rentabilidades obviando a los gestores activos de fondos de inversión. Ni que decir tiene que hacerlo mejor que el mercado invirtiendo directamente en Bolsa también es ciertamente complicado.

Varias decisiones activas para invertir pasivamente de forma sensata

Invertir todo o parte de nuestros ahorros con fondos indexados pasivos también requiere tomar varias decisiones activas, como decidir a qué índice queremos estar expuestos, y además, una vez decidido esto, con qué fondo lo vamos a hacer. Cada índice es un mundo, con sus rentabilidades pasadas y sus particularidades para con el futuro; asimismo, no todos los fondos cobran las mismas comisiones, de hecho nos podemos encontrar importantes diferencias). Además, hay índices y fondos más diversificados que otros. Analizar estos tres aspectos requiere por tanto una investigación previa y un cierto seguimiento, que serán menores a lo requerido por la inversión en fondos de inversión de gestión activa o la inversión directa en acciones, pero igualmente necesaria e importante.

Rentabilidades y comisiones

Respecto a las rentabilidades pasadas de los índices, ni que decir tiene que deben analizarse escogiendo un período de tiempo suficientemente largo. Sobre los fondos indexados, debemos comparar su capacidad a largo plazo de imitar a su índice en cuanto a las rentabilidades, y en este sentido apreciaremos que tenderán a acercarse más aquellos que cobren a sus partícipes menores comisiones.

Por lo general, las menores comisiones, y por tanto mayores rentabilidades, las encontramos en los fondos de la gestora Vanguard, cuyos fundadores fueron pioneros en esta modalidad de inversión (la cita que hemos incluido al principio de este capítulo es de uno de sus fundadores, John Bogle). En la práctica, el inversor particular, en países como España, no puede acceder directamente a estos fondos indexados, sino que tiene que recurrir a un intermediario, intermediario que como os podéis imaginar cobra además sus comisiones –comisión de intermediación que en ocasiones es igual o superior a la de Vanguard–. Siendo esto así, por desgracia deberemos sumar ambas comisiones, y en ese caso pueden resultar más atractivos en cuanto a sus comisiones fondos indexados de otras gestoras, como por ejemplo Amundi.

Diversificación

Un aspecto a tener en cuenta a la hora de invertir a través de esta modalidad, es la diversificación. No es lo mismo escoger como índice al IBEX 35, que está muy limitado en este aspecto, con pocas empresas y con mucho peso en determinados sectores, como el bancario, que escoger el S&P 500 norteamericano, que como su nombre indica está constituido por quinientas empresas que se dedican a muy diferentes negocios.

A la hora de diversificar debemos tener en cuenta hasta la seguridad jurídica. Así, deberemos valorar por ejemplo si nos fiamos de la capacidad de los políticos españoles, si nos indexamos al IBEX 35, para mantener un régimen jurídico estable que permita a las empresas una cierta certidumbre respecto a las reglas del juego. Y en este sentido, aún cuando es un ejemplo de laboratorio, no tendría sentido invertir en un índice de empresas cubanas, acabarían por verse nacionalizadas.

Con la historia económica en la mano, los norteamericanos por ejemplo siempre se han caracterizado por mantener un régimen jurídico amigable en relación a los negocios, mientras que los políticos españoles se vienen caracterizando por ser reacios a facilitar un ordenamiento jurídico razonable en este sentido. En democracia tiene perfecto sentido que los políticos oferten ideas en consonancia con las de la ciudadanía que las demanda, y los españoles estamos en nuestro legítimo derecho de tener nuestra propia ideología, pero si atendemos a los negocios, y esto es un negocio del que nuestro porvenir y el de nuestra familia depende, deberemos ser racionales y no emocionales (y la racionalidad nos aleja, desgraciadamente, de España).

20

Inversión en fondos de inversión tradicionales o de gestión activa

El fondo de inversión constituye el vehículo de inversión perfecto para aquellos que deseen estar expuestos a las rentabilidades de las empresas cotizadas en Bolsa que determinados profesionales, los gestores, seleccionen. Todo ello, con la diversificación propia de una cartera, que recordemos venía a ser el conjunto de activos en los que invertía el fondo, que se regirá por los mínimos establecidos por la normativa en esta materia.

¿En qué activos pueden invertir los fondos de inversión?

Aunque esta parte del libro la dedicamos únicamente a las diferentes vías para invertir en negocios cotizados, al haber determinado anteriormente que estos a largo plazo son los más deseables activos donde invertir, al hablar de los fondos de inversión es inexcusable aclarar que a través de los mismos podemos invertir en casi cualquier tipo de activo.

De esta forma, podemos encontrarnos fondos de inversión que invierten en acciones de empresas cotizadas, en deuda de empresas o Estados, en activos monetarios, o incluso en bienes inmuebles. Y cada uno de ellos puede tener su lugar y sentido en la cartera de fondos de inversión de cada inversor. Simplemente, en mi caso me siento más cómodo, y es importante estar cómodo para cuando vengan momentos difíciles, con la combinación de liquidez y empresas cotizadas. Se trata, básicamente, de tener la suficiente liquidez como para no tener que vender las acciones, de empresas, o participaciones, de fondos, por muy mal que esté tu situación personal.

Otra de las razones, además de su rentabilidad histórica, por la que descarto activos como puede ser la renta fija, o la deuda, es que se están dando situaciones irreales que sólo pueden acabar mal. Situaciones que huelen a burbuja. Veamos por ejemplo el caso de la deuda soberana española. Si le prestas dinero al Estado español a tres años vista, en el momento en el que estoy escribiendo esto, no te dan interés positivo alguno, es más, el que tiene que pagar es el prestamista. Por supuesto, existen razones y circunstancias que pueden llegar explicar en cierta medida esta anomalía económica, pero todas ellas tienen su origen en experimentos intervencionistas de Bancos Centrales públicos. Experimentos llevados a cabo, seguro, con la mejor de las intenciones, pero que históricamente han tendido a acabar mal. Así, como no son activos cuyas rentabilidades o ventajas nos llamen a asumir riesgos, y para los que existe el riesgo de que se encuentren en medio de una burbuja, cuanto más alejados de los mismos nos situemos mejor. Y en este sentido, hay que volver a recordar que los bonos también cotizan, se les fija un precio diario, y ese precio también se refleja en el valor de los fondos que los poseen, si esta presunta burbuja pinchase el valor de cotización de esos bonos se irían muy probablemente a pique.

Por supuesto, existen fondos de inversión que invierten en bonos u otros instrumentos de deuda que lo hacen ciertamente bien. Evitan la deuda soberana de países que en este sentido no merecen la pena, muchas veces, buscando fuera de la Unión Europea y de la influencia del Banco Central Europeo, y van estudiando una por una las empresas que quieren financiarse, para evaluar si merece la pena prestarles a cambio de la rentabilidad que se ofrece en el mercado. Personalmente, prefiero las acciones, pero si usted se siente más cómodo con la deuda como activo en el que invertir sus ahorros, sepa que también hay oportunidades en este campo.

Ya para finalizar este apartado, debo también hablar brevemente de los fondos inmobiliarios. Estos, como su nombre indica, invierten en bienes inmuebles, como pisos, plazas de garaje, edificios de oficinas o naves industriales. No tienen nada de malo, aunque hay que ser conscientes de que tienen ciertas particularidades. Por un lado, hay que tener en cuenta que el valor de los inmuebles se tasa periódicamente, y esto influye lógicamente en el valor liquidativo del fondo. Las rentas provenientes del arrendamiento de estos activos también van elevando el patrimonio del fondo, por supuesto, pero hay que recordar que es este un negocio cíclico, y que si vemos que suben y suben sin parar fondos de esta clase debemos ser conscientes de en qué parte del ciclo nos encontramos, porque tras el pico del ciclo alcista viene inevitablemente la caída.

Como ejemplo más extremo tenemos el de la burbuja inmobiliaria en España, que al pincharse hundió las valoraciones de los activos inmobiliarios, y con ellos el valor liquidativo de los fondos que en ellos habían invertido. Caídas tan bruscas tienden a provocar el pánico en los partícipes de los fondos, y al ser los inmuebles activos más ilíquidos, en el sentido de que no se pueden vender en condiciones normales de la noche a la mañana, las solicitudes masivas para reembolsar lo invertido en los fondos inmobiliarios tienden a provocar su quiebra. Personalmente, puestos a invertir en activos inmobiliarios, prefiero comprarlos directamente, dentro de nuestras posibilidades, por supuesto, o como comenté en su momento, a través de empresas cotizadas que sean propietarias de inmuebles.

Puntos a tener en cuenta a la hora de invertir en fondos de inversión

Invertir a través de fondos conlleva, si se quiere hacer debidamente, de un proceso similar al propio de la inversión directa en acciones de empresas cotizadas: un check list. Así, deberemos estudiar una serie de puntos, y como existen miles de fondos de inversión, y nadie nos obliga a invertir en ninguno de ellos, nos quedaremos con aquellos que cumplan en mayor o menor medida todas las características deseables.

¿Posee el fondo un buen track record o buenas rentabilidades históricas?

De igual forma que no deberemos invertir, al menos si somos inversores particulares, en empresas que carezcan de una historia que estudiar, tampoco tendrá sentido hacerlo cuando su desempeño histórico haya resultado ser un desastre.

En este sentido, si bien es perfectamente cierta la tan utilizada y manida frase de que "rentabilidades pasadas no garantizan rentabilidades futuras", no lo es menos la que afirma que los "desastres pasados no auguran buenas expectativas futuras" (esta me la acabo de inventar yo). Aquí nadie posee ninguna bola de cristal, la certidumbre absoluta no existe, de lo que se trata es de poner a nuestro favor las probabilidades de que todo salga razonablemente bien.

Así, cuando estudiamos un fondo de inversión, deberemos buscar en primer lugar su historia, y dentro de la misma, analizar quiénes han sido sus gestores, y por cuanto tiempo. Comento esto porque en muchas ocasiones caemos en la trampa de analizar directamente las rentabilidades pasadas de los fondos de inversión, cuando puede darse el caso de que el o los artífices de dichas rentabilidades pueden ya no estar a los mandos del fondo. Otra ventaja de centrarnos en el gestor, es que nos permitirá, si el análisis es satisfactorio, invertir en fondos con poca historia, de darse el caso de que el gestor que lo comanda sí tenga una historia, en otros fondos, que analizar. Ejemplos como este lo tenemos en fondos sitos en España como los de las gestoras Magallanes, AZ Valor, Cobas, Horos, etc. Estas gestoras no tienen fondos con demasiada historia que analizar, pero sin embargo sus gestores, para bien o para mal, sí que la tienen en otros fondos. Deberemos por tanto centrarnos en el estudio de los gestores.

A la hora de analizar las rentabilidades, debemos primero como hemos comentado buscar un plazo razonable, que no debería ser menor a cinco años, e idealmente no debería bajar de diez, y luego, ya con los datos en la mano, deberemos estudiar si el gestor lo ha hecho, o no, mejor que los índices con los que se compara (un índice, recordemos, venía a ser una representación de un conjunto de empresas cotizadas). Así, si un fondo lleva diez años invirtiendo en empresas que cotizan en las Bolsas españolas, podemos comparar sus rentabilidades con las del IBEX 35, pero si resulta que ha invertido a nivel europeo, no tendría sentido utilizar como comparable el índice

IBEX 35, debiendo seleccionar el correspondiente europeo. Y para ser todavía más justos en la comparación, debemos analizar además de la componente geográfica, el tamaño de las empresas en las que determinado fondo invirtió. Así, no es lo mismo un índice de las acciones europeas más representativas en general, que uno de empresas pequeñas, medianas o grandes –por capitalización bursátil, se entiende–. Por lo tanto, si analizando las carteras pasadas de nuestro fondo objeto de análisis vemos que invertía en acciones de empresas de pequeña capitalización, deberemos buscar para comparar sus rentabilidades, si es que invertía en Europa, un índice de empresas europeas de pequeña capitalización.

Como vemos, la inversión fundamentada en fondos de inversión de gestión activa empieza a no ser tan sencilla como la inversión en fondos indexados, y es que de hecho no lo es, aunque, a cambio, aspiraremos a rentabilidades mayores a las de los índices, si lo hacemos bien. En este sentido, una artimaña empleada en ocasiones por los fondos de inversión, cuando publican sus rentabilidades en relación a su índice de referencia, es escoger un índice que no tiene en cuenta los dividendos que las empresas que lo componen pagan, o bien escogen un índice que, si bien los tiene en cuenta, los tiene en cuenta como dividendos netos, y no brutos. Si estás en un fondo europeo, los dividendos cobrados por este, provenientes de sus inversiones en empresas cotizadas, no están sujetos a tributación, al pago de impuestos, por lo que no tiene sentido escoger un índice que resta a sus rentabilidades dichos impuestos, no sería justo a efectos de compararte.

Por lo tanto, recapitulando un poco, deberemos buscar gestores de fondos con suficiente historia de rentabilidades que analizar –mínimo cinco años, aunque lo ideal sería un periodo de diez–, y que en dicho período de tiempo hayan superado a su índice de referencia. Si no somos capaces de encontrar fondos así, y es bastante probable, porque estadísticamente la mayoría a largo plazo lo hace peor que sus índices, lo que deberemos hacer es, o bien decantarnos por la inversión en fondos de gestión pasiva, los indexados que ya mencionamos en el apartado anterior, o bien hacerlo por la inversión directa en acciones, que por supuesto también tendrá sus complicaciones, complicaciones que ya analizaremos más adelante.

¿Existe alineación de intereses entre gestor y partícipe?

Tanto en la inversión directa en acciones, como en la inversión a través de fondos de gestión activa, este es probablemente el elemento más importante a tener en cuenta. De hecho, valoré la posibilidad de colocarlo en primer lugar, al menos en relación a los fondos de inversión, pero llegué a la conclusión de que si un gestor había sido un desastre durante toda su carrera, por muy alineados que hubieran estado sus intereses con los nuestros no merecía la pena seguir analizando su labor.

Bien, continuando, la alineación de intereses básicamente viene a conllevar que todo lo bueno o malo que nos pase a nosotros, los partícipes, también debería ser bueno o malo para el gestor o gestores del fondo en el que hemos invertido (o en el que nos estamos planteando invertir).

En mi experiencia, hay dos formas de que, en materia de fondos de inversión de gestión activa, los intereses estén alineados. La primera de ellas, y la que desde mi punto de vista es la ideal, es que el patrimonio del gestor o gestores esté invertido en el fondo o fondos que gestionan. Así, y aunque estos cobrarán por supuesto sus comisiones, tendrán un especial interés en hacer bien su trabajo, porque de lo contrario sus patrimonios también acabarían por verse mermados. Esto, que parece del todo lógico, ya que si te ves capaz como gestor de lograr rentabilidades muy buenas a largo plazo con tus fondos, lo ideal vendría a ser invertir en los mismos, en la práctica no se da demasiado, como tampoco se da demasiado en los equipos directivos de las empresas cotizadas, que no invierten en sus propias empresas muchas veces. En cualquier caso, deberemos buscarlo, porque cuando existe alineación de intereses se tienden a hacer mejor las cosas a largo plazo, y para nosotros, los partícipes, constituirá una cierta garantía.

La segunda vía para alinear los intereses entre gestor y partícipe es la de las comisiones de éxito. Si para que un gestor se gane sus comisiones, debería hacerlo mejor que su índice de referencia, que este cobre sus comisiones sólo, o mayoritariamente, si logra rentabilidades por encima de las de dicho índice, existirá un incentivo para hacerlo bien a largo plazo, por la cuenta que le trae. El problema es que las comisiones de éxito no suelen configurarse atendiendo al índice de referencia, y si se hace, suele ir de la mano de una comisión anual sobre el patrimonio no especialmente reducida, por lo que en la práctica no se asegura la ansiada alineación de intereses.

Como he comentado, en lo personal prefiero la primera vía, la de la inversión por parte de los gestores de su patrimonio en los fondos que gestionan. Si no se da esta circunstancia, ni me planteo invertir, y en este sentido, hay que volver a recalcar que nadie nos obliga a invertir a través de fondos de inversión de gestión activa, si lo que vemos no nos gusta podemos decantarnos por la gestión pasiva, o por la inversión directa en acciones.

¿Son razonables las comisiones de los fondos?

Conforme van pasando los años, se van elevando hasta los topes legales las comisiones que los gestores de fondos de inversión cobran a sus partícipes, llegándose en ocasiones a situaciones del todo desproporcionadas.

En cualquier caso, yo no soy en este sentido fundamentalista en relación a las comisiones. Por supuesto, en igualdad de condiciones prefiero comisiones bajas, pero también puede darse el caso de que un fondo tenga comisiones altas porque se las gana, y en este sentido hay que recordar que las rentabilidades se calculan, lógicamente, después de restar las comisiones. Así, puestos a elegir, prefiero un fondo cuyo gestor haya logrado en los últimos veinte años rentabilidades de, por poner un ejemplo, un 10% después de comisiones, con comisiones altas, frente a otro que ha logrado, de nuevo después de comisiones, un 2%, pero con comisiones bajas (por supuesto, siendo comparable la actividad inversora de dichos fondos).

Sobre las comisiones, hay que tener en cuenta también que con las rentabilidades de los fondos tiende a darse, para bien o para mal, lo que en estadística se denomina reversión a la media. Así, un gestor de un fondo de inversión que en los últimos cinco años ha obtenido una rentabilidad media compuesta del 20%, puede que se las apañe para lograr mantenerlas en los próximos años, pero estadísticamente lo más probable es que vuelva a las rentabilidades medias de los gestores, o al menos de los gestores que tienden a obtener buenas rentabilidades. En este sentido, si finalmente pasa a tener unos años malos, las comisiones muy probablemente van a seguir siendo las mismas, y con esas rentabilidades pasadas tenderán a ser altas.

A la hora de invertir hay que recordar que aunque está muy bien leer todo lo que podamos, y que por supuesto yo estoy encantado de que me leáis, esto en la práctica tiene mucho de arte, y nadie se vuelve un artista leyendo teoría sobre una actividad en concreto. Si se logra, se logra practicando. De esta forma, aunque existen ciertas circunstancias que está bien que se den en nuestros fondos de inversión ideales, como unas comisiones bajas, todo ello no nos garantiza nada, como iremos descubriendo conforme vayamos invirtiendo. En cualquier caso, a lo único que puede aspirar un libro como este es a reducir las probabilidades del lector de cometer errores, y difícilmente tenderá a ser negativo mantenernos alejados de las comisiones exageradas: lo peor que nos podrá pasar es que tengamos errores de omisión, es decir, habernos perdido algo, como las estupendas rentabilidades de un fondo con comisiones altas por ejemplo, pero con el tiempo aprenderemos que es mucho mejor asumir errores por omisión si ello supone fallar menos en aquello en lo que invertimos, ya que se trata en primer lugar de preservar capital, y para ello deberemos ser conservadores.

¿Son coherentes los gestores del fondo en cuestión?

A la hora de invertir, sea en una empresa cotizada directamente, sea en un fondo de inversión, deberemos buscar personas que sean dignas de nuestra confianza. Y difícilmente podremos confiar en una persona que no cumple su palabra, que no toma sus decisiones conforme a los principios que afirmaba tener.

Veámoslo con un ejemplo. Pensemos en un gestor de un fondo de inversión que afirma en todo espacio donde le permitan expresarse que invierte en empresas sin deuda, o con reducido apalancamiento (apalancamiento = deuda). Analizamos su cartera de acciones, y resulta que sus mayores posiciones, algunas de ellas de hasta el 10% del total del patrimonio del fondo, que supone el límite legal en España, están muy endeudadas. ¿Puede obtener este gestor buenas rentabilidades invirtiendo en empresas con mucha deuda? Pues sin duda, el hecho de estar muy endeudadas tiende a hacer que sean menos atractivas para muchos inversores, que al demandar menos sus acciones presionarán a la baja su precio (y al reducirse su precio, más aumentará su potencial de revalorización si todo marcha bien). El problema de las empresas endeudadas es que si el coste de su deuda se les va de las manos pueden quebrar. Más riesgo, más potencial de revalorización. Estupendo. El asunto es que nosotros, y muchos otros inversores, íbamos a invertir en el fondo porque decía invertir de forma conservadora, evitando empresas muy endeudadas. Si no es capaz de actuar conforme a sus principios, no es coherente, no tiene palabra, y no deberemos invertir en este fondo. En este sentido hay que remarcar que no hacemos alusión a que invertir fondos que inviertan a su vez en empresas con deuda sea un punto negativo necesariamente, sino al hecho de que los gestores sean profesionales confiables por su coherencia. Y en este sentido, hay que decir que hay gestores que son verdaderos artistas invirtiendo en empresas con deuda, no tenemos nada en contra de que estos tengan un sitio en nuestra cartera de fondos.

¿Son transparentes los gestores?

En materia de transparencia hay que ser exigentes dentro de lo razonable. Por supuesto, no podemos pretender que el gestor de nuestro fondo publique cada una de las tesis de inversión de cada una de las inversiones que se llevan a cabo, pero sí es interesante que nos muestren a los partícipes una muestra de ello, para que podamos valorar si son realmente competentes o no en lo que hacen y, además, volviendo de paso al punto anterior, para ver si invierten conforme a los principios que dicen seguir.

En materia de comisiones hoy día los fondos de inversión tienen la obligación legal de ser transparentes, por lo que no es algo que debamos valorar positiva o negativamente. Ahora bien, en cualquier otra cosa que pueda ser de interés para el partícipe, si son transparentes, pues será un punto a favor.

En este sentido, personalmente veo un acierto explicar algunos de los errores que se han cometido por los gestores. Y en este sentido, debemos ser conscientes de que hasta el mejor inversor a nivel mundial los comete. No pasa nada, lo único que pedimos los partícipes es que los aciertos compensen los errores. Bien, en este sentido hay errores y errores, y como partícipes nos debe interesar en qué se ha fallado, y si han aprendido de dicho error. No es lo mismo perder dinero porque una empresa estaba muy endeudada y ha quebrado, de lo que se podría sacar la enseñanza de evitar este tipo de empresas, que perder dinero porque por un motivo que no depende del gestor ni del equipo directivo de la empresa en cuestión, ha subido el precio del transporte de mercancías, cuando a la empresa le supone un coste para llevar a cabo su actividad, o que se han publicado malos resultados por el efecto divisa. Como ejemplo de esto último: si para una empresa con sede en España que publica sus resultados en euros, el euro se aprecia, a la vez que la divisa extranjera del país donde se venden los productos o se ofrecen los servicios de la empresa se deprecia, esta circunstancia afectará negativamente a los beneficios, y con ello, al menos a corto plazo, a la cotización.

Incluso con la publicación del correcto índice de referencia se puede llegar a ser opaco. Hay gestores poco serios que cuando no les van bien las cosas directamente no publican el índice con el que se comparan –por supuesto, porque no salen muy bien parados de dicha comparación–, o pasan a escoger el índice correcto pero sin el efecto de los dividendos, etc.

En general, todo lo que sea ser transparentes por parte de los gestores de un fondo es positivo para el partícipe: conferencias con inversores que se publican en la web del fondo en cuestión; cartas periódicas explicando lo que se hace o se deja de hacer; un equipo de relación con inversores que responde todas las dudas que estos planteen, etc. Debemos buscar la transparencia, y cuando la encontremos, exigir como partícipes que se mantenga.

¿Tiene el fondo bajo gestión un patrimonio demasiado grande?

Este es un punto también importante. No es lo mismo gestionar un patrimonio de 10 millones de euros, que de 10.000 millones. Y no es lo mismo gestionar 10.000 millones en un fondo cuya inversión está limitada por su folleto, y recordemos que el folleto establece las normas de inversión del fondo, a empresas pequeñas, que hacerlo cuando existe libertad para invertir en empresas de cualquier tamaño.

En este sentido, también debemos tener en cuenta el aspecto geográfico. Si un fondo está limitado a las empresas cotizadas españolas, apenas podrá invertir en cien o doscientas empresas, mientras que si está limitado a Europa, el abanico se ampliará a miles de empresas. Así, un patrimonio bajo gestión de mil millones de euros puede ser perfectamente asumible si se invierte globalmente, pero será demasiado elevado si el fondo está limitado a empresas españolas.

Como en tantas otras cosas, la virtud suele estar en el término medio. Un fondo con muy poco patrimonio bajo gestión estará limitado en el sentido de que tendrá dificultades para entrevistarse con el equipo directivo de las empresas que le interesan, al no ser lo mismo recibir a un gestor que dirige un fondo de 700.000€, que a uno que gestiona dos mil millones, ya que la inversión, en su caso, del primero, apenas se va a notar, mientras que la del segundo si se les convence de las bondades de la empresa como inversión sí. Además, tenderá a haber una serie de gastos fijos que con un patrimonio pequeño serán considerables, lo que tenderá a reflejarse en unas mayores comisiones, mientras que para un fondo con un gran patrimonio bajo gestión serán nimios.

Por tanto, habrá que ponderar. Personalmente, me gustan los fondos de inversión sin demasiadas limitaciones por folleto, ni en materia de tamaño de las empresas ni por zonas geográficas, y cuyo tamaño o patrimonio bajo gestión sea razonable. En este sentido, sabiendo que por mucho que no te limite, el tamaño acabará por ser enemigo de la rentabilidad para los partícipes, es muy positivo ver que los gestores establecen límites de tamaño para cerrar los fondos, y por supuesto, igualmente importante, ver que luego cumplen estas promesas.

¿Invierten los gestores a largo plazo?

Aunque para gustos, colores, todavía no he encontrado ningún fundamento de peso para justificar la inversión en acciones cotizadas en Bolsa, sea directa o indirectamente, con un horizonte temporal que no sea de largo plazo. Al final la modalidad más exitosa de inversión ha resultado ser la empresarial, y no hay negocio, cotizado o no cotizado, que dé sus frutos en unos días, un mes o un año.

La inversión requiere paciencia, y deberemos buscar no sólo que los gestores inviertan a largo plazo sino que digan que lo hacen. Como veremos más adelante, también es valorable la calidad de los partícipes que invierten en un fondo, tiene su influencia.

En este sentido, de nada sirve afirmar que se invierte a largo plazo, como si de un empresario de raza se tratara, si luego en la práctica no es así. Además de fallar en este punto se suspendería en el relativo a la coherencia.

Por supuesto, no hay que confundir la paciencia en relación a que un negocio fructifique, con el retrasar el reconocimiento de un error, cuando se ha cometido, y la consecuente venta de esas acciones. Cuando se comete un error, hay que asumir pérdidas y a otra cosa, eso de "quedarse las acciones hasta que recuperen" por norma no es muy profesional, porque si resulta que se ha valorado mal una empresa y vale la mitad de su cotización actual, y no el doble, como inicialmente se había calculado, por mucho que esperemos nunca va a cotizar al doble, y si lo llega a hacer, sería una cuestión de suerte, y para tentar a la suerte ya lo hacemos nosotros sin pagar comisiones.

Esto último es algo de lo que se habla especialmente en el apartado dedicado a la inversión directa en acciones. El tiempo, si has acertado en tu valoración, tenderá a darte la razón, en el sentido de que valor y precio tenderán a converger, de forma que se reconocerá el mayor valor de nuestra inversión, o la del gestor. Pero una cosa es esto, que está muy bien y es muy deseable, y otro asunto es ser pacientes cuando nos hemos equivocado, o lo ha hecho el gestor, esperando un milagro para salvar los muebles. Si detectamos que un gestor actúa de esta guisa, lo mejor será evitar sus fondos.

¿Tiene el conjunto de partícipes una adecuada cultura financiera?

A priori, pensaremos que es imposible saber hasta qué punto el conjunto de inversores en un fondo está más o menos formado en materia financiera, o incluso pensaremos que además no es de nuestra incumbencia. Pues resulta que sí puede ser importante, y que hasta cierto punto sí que podremos estudiar si es así o no.

La cultura financiera de los partícipes es importante porque por muy bien que invierta un gestor, los mercados bursátiles se mueven, sufren correcciones periódicamente, y de la actitud de los partícipes dependerá que el gestor lo aproveche en beneficio de los mismos o que su fondo desaparezca. Imaginemos que un gestor ha hecho bien su trabajo, y el valor objetivo de las empresas en las que ha invertido pongamos que es el doble de su cotización actual. A largo plazo, la cotización media de esas empresas tenderá a subir hasta su valor objetivo, si todo sigue igual en su negocio (lo cual no tiende a pasar, pero bueno, si una empresa está sana tenderá cada año de hecho a valer más). Pero si mañana, por poner un ejemplo, el señor Trump, Presidente de los EE.UU. en el momento de escribir esto, amenaza al señor Putin, Presidente de Rusia, con ir a la guerra, las cotizaciones es muy probable que en general se peguen un buen revolcón –salvo las empresas armamentísticas claro, que estarán encantadas–. El caso, imaginemos, es que el gestor del fondo en el que estamos invertidos ha hecho bien su trabajo, pero por la amenaza de la guerra y la caída de las Bolsas su valor liquidativo cae un 20%. Unos partícipes formados entenderán las explicaciones del gestor, que podrían ser, por poner un ejemplo, que las empresas, con sede en Europa y que no venden demasiado en EE.UU. y Rusia, van a seguir vendiendo incluso en el hipotético y desagradable supuesto de que finalmente hubiese guerra, y al dar por buenas estas explicaciones no reembolsarán sus participaciones del fondo, pudiendo incluso el gestor comprar más acciones a precios de saldo con la liquidez del fondo, de haberla. De ser no tener los partícipes demasiada cultura financiera, perderán muy probablemente los nervios y exigirán al gestor que les devuelva su dinero, incluso con esas pérdidas del 20%. El gestor, para devolver el dinero, tendrá que ir malvendiendo sus acciones, y cuando en el futuro todo se estabilice, los partícipes minoritarios con cultura financiera, que han aguantado, aunque no verán mermadas sus rentabilidades, ya que el valor liquidativo del fondo irá subiendo, podrían ver cómo el fondo echa el cierre, en el supuesto de tener este una cartera de acciones muy ilíquidas, y no poder deshacer posiciones para pagar a los partícipes que desean marcharse. Definitivamente, mejor estar en un fondo acompañado de partícipes con cultura financiera.

Todo eso está muy bien, pero cómo analizo la cultura financiera de los partícipes de un fondo. Pues hay diversas formas, por ejemplo analizar cómo se comportaron los partícipes ante grandes caídas en las bolsas. ¿Entró dinero en el fondo o salió cuando se produjeron? Esto lo podemos analizar, y nos da una imagen mejor o peor del panorama: si salió mucho dinero, poco podremos hacer, salvo evitar ese fondo; si entró dinero, es razonable pensar que esos partícipes se han quedado también en época de bonanza, y que aguantarán en las caídas futuras. Otra posibilidad es investigar si los partícipes del fondo son grandes patrimonios mayoritariamente o pequeños inversores particulares. Por supuesto, el pequeño inversor puede estar perfectamente formado, para eso existen los libros y demás, pero de lo que podemos estar razonablemente seguros es que los propietarios de grandes patrimonios o saben lo que hacen o delegan en otros que están debidamente formados (no por nada, sino porque se lo pueden permitir).

Como vemos, aunque es perfectamente viable estudiar los elementos a analizar en un fondo de inversión, es algo que requiere tiempo y seguimiento, de ahí que algunos inversores decidan delegar en un asesor, o bien tiendan a decantarse por la gestión pasiva.

¿Son los gestores personas honestas?

Este punto es ciertamente subjetivo, pero yo soy de la opinión de que no se puede hacer negocios con personas deshonestas. Si has descubierto que la persona en cuestión lo ha sido en el pasado, difícilmente podrás llegar al convencimiento de que no lo será contigo en el futuro.

¿Cómo analizar si un gestor es honesto o no? Pues es ciertamente complicado, lo único que podremos hacer es leer todo lo que se haya publicado sobre el mismo, ver sus conferencias y charlas con inversores, hablar o leer a aquellos que lo conozcan, lo que se nos ocurra en este sentido. Probablemente no encontraremos nada que nos haga ver que es una persona honesta, se trata más bien de que durante todo ese proceso no salten las alarmas por lo contrario.

¿Son los gestores del fondo de inversión dueños de la gestora?

Todo fondo de inversión, al menos en España, requiere estar digamos incardinado en una gestora, que es la propietaria del mismo. En este sentido, no todos los gestores de fondos son a su vez dueños de la gestora del fondo, y en general, aunque no es tan importante como los restantes puntos, resulta un punto a favor de un fondo que sus gestores sean asimismo propietarios de la gestora.

Es un punto positivo porque de esta forma todas las decisiones acerca de aspectos como las comisiones que se cobran a los partícipes, el cierre de fondos por llegar a su límite deseable de patrimonio bajo gestión, o la propia permanencia de los gestores, depende de esos mismos gestores si son también propietarios de la gestora. En la práctica, es algo complicado de encontrar, porque poseer una gestora es algo costoso si no se gestiona mucho patrimonio, y así hay muchos fondos que están dirigidos por estupendos gestores, que técnicamente deberíamos denominar asesores, pero que no son propietarios de la gestora, y no por ello los vamos a descartar. Simplemente, es un punto a favor cuando se da.

De no darse esta circunstancia en un fondo, lo que se requerirá es estar más pendientes de lo que pasa con el fondo, hacer en definitiva un seguimiento. Y es que los gestores pueden en determinado momento decidir irse, por las razones que sean, o bien decidir los propietarios de la gestora prescindir de sus servicios. Y en ese caso, si estamos por el gestor y su buen hacer, deberíamos irnos a su nuevo fondo con él, por supuesto, tras valorar las nuevas condiciones y demás. Si no estamos atentos, puede darse el caso de que pase el tiempo, veamos que el fondo ha dado rentabilidades mediocres, y resulte que hacía años que había pasado a estar dirigido por otro equipo gestor con no tanta pericia como el anterior.

Además, en materia de comisiones el asesor de un fondo que no es dueño de la gestora puede tener sus planes para las mismas, y nosotros como partícipes darlos por buenos y contar con ellos, y venir la gestora un día a modificarlos. Así, no deberemos creernos demasiado las promesas de reducción de comisiones por parte de gestores que no tengan el poder real para mantenerlas bajas.

¿Fondos de inversión o planes privados de pensiones?

Aunque habréis notado que en este libro son los fondos de inversión los protagonistas, frente a otros vehículos como pueden ser los planes de pensiones, o las SICAV, he creído conveniente hablar un poco de los mismos por aquí, para ver sus ventajas y desventajas. En definitiva, para explicaros las razones por las que personalmente prefiero los fondos de inversión, y aquellos supuestos en los que a un inversor podría interesarle más un plan de pensiones (no por nada, sino porque mis circunstancias no tienen necesariamente que asimilarse o ser similares a las de cualquiera de vosotros).

En relación a la inversión en acciones de empresas cotizadas por parte de los gestores de los planes de pensiones, no hay diferencias reseñables si los comparamos con los fondos de inversión. Tienen un patrimonio bajo gestión, y van comprando y vendiendo acciones según estimen conveniente. En este sentido, hay poco que decir.

Un aspecto que personalmente no me gusta de los planes privados de pensiones, pero que puede ser positivo para algunos inversores particulares, son las restricciones para salir de los mismos, para retirar lo invertido. En España al menos, existen restricciones legales, de forma que si decides invertir una parte de tu patrimonio en planes de pensiones, y sucede algo, lo que sea, que requiere que retires patrimonio, no podrás hacerlo si no se encuentra dentro de los supuestos legalmente establecidos –por ejemplo, pasar a estar desempleado–. En este sentido, indico que esto de no tener fácil el reembolsar nuestro dinero invertido puede ser positivo para algunos precisamente por eso, porque cuando vengan las caídas, y en la Bolsa las caídas son periódicas e inevitables, por mucho que perdamos los nervios no podremos reembolsar, y a larga muy probablemente lo agradeceremos. En este sentido, históricamente la experiencia empírica nos dice que los mejores momentos para invertir han sido precisamente tras grandes caídas. Personalmente, y aunque todo puede pasar en esta vida, no temo demasiado las caídas, de hecho me gusta aprovechar para invertir más cuando se dan, por lo que en mi caso de ventaja nada, prefiero la libertad de los fondos.

Siguiendo con lo anterior, me inquieta que, siendo un patrimonio digamos semi-cautivo el que podamos invertir en planes de pensiones, pueda el cambiante legislador modificar a su antojo las reglas del juego, y no podamos reaccionar, o no en la mayoría de casos. Como seguro sabrá el lector, una de las ventajas de los planes de pensiones frente a los fondos, es que en relación a lo aportado podremos beneficiarnos de una ventaja fiscal a la hora de tributar por nuestra renta (con un máximo, que por otro lado no para de reducirse). Esto está muy bien, pero si invertimos en un plan de pensiones por esta deducción fiscal, y mañana el gobernante de turno nos quita dicha deducción, ¿qué hacemos? Pues nos tendríamos que aguantar, salvo que llevásemos diez años invertidos en el plan, supuesto que permite desde hace poco reembolsar, o entrásemos dentro de los supuestos especiales que hemos comentado.

En definitiva, lo que más me gusta de los fondos de inversión es nuestra mayor capacidad de reacción frente a los planes privados de pensiones, sea por que necesitemos los ahorros, por las circunstancias que sean –no necesariamente para un tema de vida o muerte, como ciudadano libre que dispone de su dinero–, o bien como adaptación en el supuesto de que los políticos se hayan puesto a hacer de las suyas en nuestro perjuicio: por ejemplo, subiendo la tributación de los fondos.

Otro aspecto que me gusta, por su certidumbre, de los fondos de inversión, es su fiscalidad a la hora de reembolsar con ganancias. En España, sabemos que pagaremos en IRPF, como renta del ahorro, un 19, 21 o 23%, según las plusvalías y sus cuantías, de forma que si fuesen elevadas, pagaríamos una parte al 19, otra parte al 21, etc. Por el contrario, aunque las rentas procedentes de los planes de pensiones tributan también en IRPF –Impuesto sobre la Renta español–, lo hacen como rendimientos del trabajo. Y tributar como rendimientos del trabajo puede ser positivo o negativo, dependiendo esencialmente de si percibimos cantidades pequeñas o considerables. Así, si llegamos a la jubilación con un plan de pensiones con importantes plusvalías y una cantidad reseñable ahorrada, si cada año rescatamos 12.000€ no pagaremos nada, al menos por ahora, veremos si en el futuro. Pero si resulta que queremos mantener el poder adquisitivo que teníamos, y este no era menor, ya iríamos pagando conforme a la escala de la base general del IRPF, que tiende a tener su máximo cercano al 50%, según la Comunidad Autónoma en cuestión. Si rescatamos lo ahorrado en el plan de pensiones de una vez, por desconocer esto último, y tenemos grandes plusvalías, podemos recibir un hachazo de casi el 50%.

Por resumir: si sabemos de fiscalidad, o tenemos un buen asesor fiscal, y podemos ir retirando poco a poco, por complementar con una pensión pública por ejemplo, o por tener otros activos, como acciones que dan dividendos, podemos a largo plazo pagar menos a Hacienda en relación a los fondos de inversión. Por supuesto esto siempre y cuando se mantengan las reglas del juego, algo de lo que no tenemos ninguna seguridad, y que históricamente han cambiado esencialmente a peor en España. Si queremos más libertad, aún a coste de no poder deducirnos nada, tenemos los fondos de inversión.

Ni que decir tiene que a la tributación de los fondos de inversión también se les pueden cambiar las reglas del juego de su tributación, pero nada nos impediría buscar otra alternativa, ya que podemos reembolsar cuando queramos.

La importancia de invertir sólo lo que no necesitemos a largo plazo

Esto es algo que se ha repetido ya en otros apartados a lo largo de la obra, pero no está de más remarcarlo, ya que es importante. Si invertimos en empresas cotizadas en Bolsa, pueden darse períodos de tiempo en los que la misma se desplace lateralmente, es decir, que no se mueva en absoluto, por ejemplo después de una desmoralizante y fuerte caída (que se lo pregunten a los norteamericanos tras el crac del 29, o a los japoneses en las últimas décadas, tras su correspondiente corrección). No es lo normal, al menos no durante tanto tiempo, pero puede darse el caso. Cuando todo sube, se apunta a la fiesta cualquiera, nadie quiere perdérsela, incluso aquellos que no deberían estar ahí invertidos, por no entender cómo funcionan los mercados bursátiles, y se dan situaciones de exagerada sobrevaloración, o en otras palabras, que todo pasa a estar muy caro. Por el contrario, después de que la Bolsa caiga muy fuerte, una parte importante de los posibles inversores puede llegar a la conclusión de que nunca va a remontar, y por su pesimismo evitar durante un tiempo este tipo de inversión, pudiéndose dar situaciones de clara infravaloración, empresas cotizando a precio de saldo. El caso es que estos períodos pueden darse, y cuando se den necesitamos poder aguantar hasta que todo se recupere –porque históricamente siempre acaba por recuperarse–.

Además, si no tenemos la suficiente liquidez, podemos vernos en la situación desesperada de tener que vender por lo que sea. Imaginemos que somos autónomos, y coincide que nuestro negocio se derrumba a la vez que se derrumba la Bolsa y/o el valor liquidativo de nuestro fondo de inversión. Si no tenemos suficiente liquidez, nos veremos obligados a malvender, porque la vida tiene un coste y recuperarse requiere tiempo. Por supuesto, esto dependerá de cada uno, en una pareja de funcionarios públicos, pongamos por ejemplo un Letrado de la Administración de Justicia y una Juez, la certidumbre es mucho mayor, salvo quiebra del Estado difícilmente van a perder su trabajo, e incluso en una situación de quiebra del mismo serán de los últimos en ser despedidos, ya que todo país requiere de un poder judicial, y así esta pareja podrá permitirse tener una posición menor de liquidez, invirtiendo un porcentaje mayor en los fondos de inversión que hayan elegido.

21

Inversión directa en acciones de empresas cotizadas en Bolsa

Comprar empresas sin analizarlas es igual que jugar al póker sin mirar tus cartas.

PETER LYNCH

Teniendo muy presente que la inversión consiste en poner probabilidades a nuestro favor, el que seguramente sea el mejor inversor en empresas de la época moderna, Warren Buffett, solía comparar la inversión en empresas con el póker. Así, explicaba que la inversión consistía en saber lo máximo posible de todo lo relacionado con el activo en el que queremos invertir, y que, haciendo un símil, un mayor conocimiento en este sentido vendría a equivaler a tener en mano, al jugar al póker, un mayor número de cartas. Las cartas del contrario no las podemos conocer, aunque si nosotros tenemos treinta cartas en la mano, y el contrario sólo dos, muy mala suerte tendríamos que tener para perder la partida (para aquel que no conozca este juego de cartas, consiste básicamente en lograr la mejor combinación entre las cartas que tenemos en mano y las cartas que se encuentran en la mesa, formando diferentes figuras). Por supuesto, la mala suerte y la posibilidad de equivocarnos siempre van a estar ahí, pero si, siguiendo el símil del póker, en todo momento jugamos con treinta cartas, tenderemos a ganar la mayoría de partidas, y las inversiones satisfactorias compensarán con creces las inversiones fallidas.

La contabilidad como lenguaje de los negocios

Invertir en empresas cotizadas en Bolsa requiere poseer unos conocimientos suficientes en materia de contabilidad, ya que, caso contrario, no seremos capaces de visualizar el estado, mejor o peor, de un determinado negocio.

En esta obra vamos a tratar de manera introductoria la contabilidad, con vistas a ser capaces de entender siquiera en su parte más elemental los estados financieros de las compañías, aunque ahondaremos quizás más en el aspecto cualitativo de los negocios. Siendo la vertiente cuantitativa necesaria para invertir con ciertas garantías, aprender la parte cualitativa de los negocios puede ser interesante por si sola para valorar si los gestores de fondos de inversión son coherentes entre lo que dicen que hacen y lo que verdaderamente llevan a cabo. En cualquier caso, si queremos invertir en empresas cotizadas directamente, sin delegar en terceros, tendremos que aprender tanto lo uno como lo otro, y para la parte contable no deberá ser suficiente lo que aquí expliquemos, debiéndose ampliar información en obras especializadas.

La adaptación del inversor a la volatilidad

Los efectos psicológicos de la volatilidad de los mercados bursátiles pueden equivaler, salvando las distancias, a los propios de la intervención en sala, en un Tribunal, de un Abogado. Puedes haber leído muchos libros sobre cómo evitar ponerte nervioso antes de defender en los Tribunales los intereses de un cliente, conocerte el Derecho al dedillo, pero difícilmente esto va a asegurarte no pasarlo regular las primeras veces, o incluso dejar de sentir unos mínimos nervios ante una exposición compleja, en un caso complicado, en el que los intereses en juego por parte de tu cliente sean importantes, por mucho que seas un curtido y experimentado Abogado.

Al final, estos nervios se pierden en su mayor parte, tanto en relación con la Abogacía como con la inversión en Bolsa, con la práctica. Llevar tu caso preparado ayuda, conocer de qué pie cojean el Juez o a los Magistrados, así como al Fiscal y el Abogado contrario, también, pero todo esto se logra con el tiempo, e incluso con muchos años a sus espaldas un Abogado veterano puede sentir nervios llegado el caso. Con la inversión directa en empresas cotizadas pasa algo similar, en la inmensa mayoría de los casos sentir vértigo con tus primeras inversiones es inevitable. Tras varios años invirtiendo, las subidas y bajadas de las cotizaciones a título personal no me afectan, al menos las habituales del día a día, pero recuerdo muy vivamente que mi primera inversión me dio bastantes dolores de cabeza. Por lo general, y fue también mi caso, la primera inversión tiende a pecar de impulsiva y de poco preparada, que es la receta perfecta para que, junto al hecho de ser la primera vez que vives la volatilidad, lo pases mal. Lo cierto es que mi primera inversión no resultó ser una inversión excesivamente diversificada, no conocía en demasía la empresa en cuestión, y en este sentido, de hecho, se trataba de un banco, y el bancario es uno de los negocios más complejos que hoy día nos podemos encontrar, tan difícil de entender, en relación a valorarlo que hasta para los propios profesionales que en él desarrollan su actividad resulta harto complicado, y en definitiva de inversiones no sabía demasiado.

Se me viene a la cabeza lo nervioso que estaba en una clase de Derecho en la Universidad de Cádiz, viendo cómo, aparentemente, por momentos perdía dinero, lo ganaba y lo volvía a perder. Y yo era en general un estudiante aplicado en clase, conste, pero como se suele decir, "la pela es la pela", y esos primeros días, cuando no entiendes cómo funciona esto de los mercados bursátiles lo que piensas que es que alguien está jugando con tu patrimonio, y no puedes evitar echar una ojeada al móvil y las cotizaciones. Total, que tras no dormir demasiado un par de días, aproveché al tercero que podía vender sin perder dinero, y así lo hice. Ni que decir tiene que haremos bien en ahorrarnos algo así, no hay nada mejor que aprender de los errores ajenos, mejor formarse antes.

Cuando pretendemos acostumbrarnos a la volatilidad, no parece muy sensato empezar invirtiendo mucho dinero. Al contrario, deberemos empezar con una pequeña cantidad de nuestro patrimonio (de hecho, lo bueno que tenemos los jóvenes es que tenemos poco que perder, y si lo perdemos, mucha vida por delante para recuperarlo). Al final invertir en empresas cotizadas es como empezar a nadar, a ningún padre en su sano juicio se le ocurre llevar a su hijo al mar en medio de un temporal para que aprenda a nadar, lo lleva a la parte de la piscina que menos cubre y le endosa su correspondiente flotador o similar, o incluso lo apunta a unas clases, para que un profesional lo guíe, lo que aquí podría equivaler a tener una persona de confianza que esté acostumbrada a los mercados bursátiles y nos ayude.

Como en el caso del Abogado que empieza, llevar el examen bien preparado siempre ayuda: en el caso de esta modalidad de inversiones, cuanto mejor conozcamos la empresa en la que vamos a invertir, o el grupo de ellas, y sus correspondientes negocios, mejor que mejor. Como dedicaremos a estos primeros meses una pequeña cantidad de dinero, podremos incluso permitirnos perderla, siquiera parcialmente, pero no pasará nada, deberemos considerarlo parte de nuestra inversión en formación (incluso podrá darse el caso, por suerte o merecimiento, que nos vaya bien y ganemos dinero).

Si tras unos meses vemos que no avanzamos, y que no nos acostumbramos a todo ese jaleo que constituyen los mercados bursátiles, siempre nos quedará pasarnos a la inversión en fondos de inversión, que al final supondrá delegar en buena parte de las decisiones clave –salvo una, elegir a un buen gestor–, y que en la práctica nos permitirá disfrutar en igual forma de las rentabilidades del sector empresarial.

El valor de la paciencia

La experiencia empírica nos demuestra que a largo plazo valor y precio tienden a converger, o en otras palabras, el precio de cotización de las empresas cotizadas, con el paso del tiempo, y en un determinado momento, tiende a ser justo con lo que esta realmente vale.

Si tenemos presente lo anterior a la hora de invertir, si realmente nos lo creemos, tiene sentido que toda inversión requiera ser paciente; caso contrario, nos sentiremos frustrados, venderemos llevados por nuestros impulsos, y perderemos dinero. Por supuesto, de nada sirve ser muy paciente, si no hemos estudiado la empresa en la que hemos invertido, no sabemos su valor, siquiera aproximado, o directamente nos hemos equivocado y estamos esperando y esperando inútilmente a que su cotización suba. Igual pasan los años y la para nosotros desconocida empresa bajará y bajará en Bolsa, y hay que tener en cuenta que igual se lo merece, por valer cada año menos o bien por haber sido adquiridas sus acciones en un momento de importante sobrevaloración.

También hay que ser consciente de que ser paciente no va a hacer que una mala inversión lo sea menos. En este sentido, solía decir Warren Buffett que sólo se descubre quien nadaba desnudo cuando baja la marea, o en otras palabras, que si de igual manera que el tiempo nos dará la razón en la inversión de ser nuestra elección acertada, de no haber preparado bien nuestra tesis de inversión, o no haber acertado, el tiempo nos pondrá irremediablemente en nuestro lugar (con las cotizaciones abajo, básicamente).

La inversión como actividad que requiere tiempo

Si queremos embarcarnos en la aventura que viene a constituir invertir directamente en Bolsa, tenemos que asumir que vamos a tener que dedicar muchas horas a estudiar e investigar. De no apasionarnos esto, difícilmente vamos a lograrlo, porque echar horas en una actividad que nos aburre, a desgana, y sin cobrar unos emolumentos a corto plazo es insufrible e insostenible. De ser así, lo mejor que podemos hacer es aprender a seleccionar a los buenos gestores de fondos de inversión, y delegar en los mismos una vez identificados (o bien, confiar en los fondos indexados, que ya tuvimos ocasión de analizar).

Por el contrario, de llamarnos la atención la inversión, en términos generales, la Bolsa viene a ser algo así como la primera división de los negocios. Competiremos con los mejores, y aunque podemos perfectamente aspirar a lograr buenos resultados, ya que disponemos de ventajas como inversores particulares, tenemos que ser conscientes de que es esta una actividad muy meritocrática, donde la suerte de vez en cuando influye, pero en la que los buenos o malos resultados a largo plazo traen causa más bien de un buen o mal trabajo de estudio y reflexión.

En cualquier caso, una característica muy positiva de los mercados bursátiles es que nadie le obliga a decidir cuándo invertir. Por supuesto, si nunca invertimos nunca avanzaremos, no hay que llevar esto al extremo, pero por ejemplo, si necesitamos seis meses para sentir que realmente llevamos bien preparada una inversión, pues podemos invertir simplemente dos veces al año. Y si tras seis meses de investigar no estamos convencidos, pues acumulamos lo ahorrado y seguimos estudiando nuevas ideas de inversión, pudiendo invertir en el siguiente año.

Un inversor muy citado en esta obra, y en la mayoría de las que tratan la inversión –no por nada, sino porque es un inversor estupendo y tiene frases y ejemplos para todo–, Warren Buffett, ejemplificaba lo anterior con el béisbol. Para él, la inversión en bolsa es como el béisbol, pero sin la existencia de los *strikes*. Así, nadie nos obliga a batear una bola cuando la bola, una empresa, no nos convence, podemos simplemente estar viendo las bolas u oportunidades que el mercado nos ofrece, y batear cuando estemos convencidos de que la misma merece la pena.

Ya para finalizar este apartado, encontraba útiles las palabras de Álvaro Guzmán de Lázaro [10], exitoso gestor de fondos de inversión, que tras animar a la inversión directa en acciones (aún en detrimento de la inversión en su propio fondo), comentaba que:

> "La selección natural para ver quién se puede dedicar a esto [la inversión] es la pasión por hacerlo, ya que pudiendo todos ser inversores en cuanto a inteligencia requerida, no siendo necesario ser excesivamente listos, sólo aquellos a los que les gusta mucho están dispuestos a superar la barrera de entrada existente, que son las horas que hay que trabajar".

Ventajas de una baja rotación de la cartera

Constituyendo nuestra cartera el conjunto de acciones que como inversores particulares poseemos, la rotación viene dada por la mayor o menor venta y posterior sustitución de los valores que conforman la misma.

La ventaja de una rotación baja es que reducimos considerablemente los gastos que soportamos. Si investigamos lo suficiente, podemos encontrar brókers confiables que no nos cobren por la mera administración de nuestras acciones. Siendo así, si adquirimos nuestras acciones con vistas al muy largo plazo, y por su naturaleza no nos vemos en la obligación de venderla, y lo decimos porque puede darse el caso, por ejemplo por habernos equivocado al estimar su valor, reduciremos a la mínima expresión los gastos, que en este caso, serían únicamente los de su adquisición, y retrasaremos

---

[10] Madrid, 18 de abril de 2018, charla organizada por varias asociaciones de finanzas. Visualizable en https://youtu.be/q_6-7Ex87cc, a partir de 15' 45''.

el pago de los impuestos por las plusvalías o aumento de valor de las mismas. Por el contrario, si vamos vendiendo cada dos por tres, perderemos un porcentaje importante en pagar el correspondiente impuesto, en el caso de España el IRPF.

Este es también un argumento a favor de la inversión frente a la especulación, ya que incluso si somos afortunados especuladores, lo cual es ciertamente complicado, la mayor parte del beneficio se lo tenderán a llevar los brókers con sus comisiones de compraventa, los operadores de bolsa con sus cánones a satisfacer con cada adquisición, y los Estados con los impuestos por las plusvalías de cada operación. Definitivamente, o invertimos a largo plazo, o tendremos todas las de perder.

Ventajas y desventajas del inversor particular

El hecho de ser inversores particulares, y de competir en la práctica a la hora de invertir con profesionales, no debería acobardarnos, ya que la desigualdad de medios puede perfectamente compensarse con la libertad de movimientos de las que gozaremos, cual enfrentamiento entre David y Goliat.

Así, un inversor particular se beneficia de la ventaja de responder únicamente ante sí mismo en su toma de decisiones (quizás también ante su pareja), lo que le permite emprender aventuras que, aunque perfectamente racionales, pudieran ser difícilmente defendibles ante nuestros superiores, en el supuesto de ser gestores, de ser contrarias al consenso de mercado (por consenso de mercado se entiende lo que la mayoría de los que operan en los mercados bursátiles opinan). Y es que, aunque empiezan a proliferar los fondos de inversión digamos de autor, donde el gestor sólo responde ante sus clientes o partícipes, la mayor parte de la inversión profesional, al menos en España, está muy concentrada en bancos y aseguradoras. Y esto no es necesariamente mejor ni peor, pero sí que suele implicar que las decisiones de inversión, especialmente cuando a corto plazo no se desarrollen positivamente, requerirán someterse a la aprobación de los superiores, en los famosos y periódicos comités. Ciertamente esta es una ventaja para el inversor particular, pero siempre y cuando éste tome sus decisiones muy fundadamente, ya que, caso contrario, esta falta de vigilancia pasará a ser un problema.

Otra ventaja del inversor particular común es que difícilmente tendrá problemas en relación a las compañías que pueda o no adquirir. Un gestor de un fondo de inversión con 10.000 millones de € bajo gestión, difícilmente podrá comprar acciones de una empresa cuya capitalización sean 10 millones de €, cuyo mercado permita por ejemplo adquirir 20.000€ en acciones de la misma cada día. No tendría sentido: incluso comprándola entera, que tampoco podría, esta representaría únicamente el 0.1% del patrimonio del fondo. Directamente este gestor ni la va a estudiar, será descartada sin más, por mucho que sea una empresa estupenda y una oportunidad para quien pueda acceder a la misma, como un inversor particular.

Siguiendo con las ventajas del inversor particular, otra es poder concentrar en mayor medida la cartera. Un gestor de un fondo de inversión en España debe cumplir con una serie de normas, que le obligan a diversificar su cartera de acciones. Al inversor particular, sin embargo, nada le impide tener por ejemplo un 30% de su patrimonio invertido en una compañía en la que tiene una fuerte convicción acerca de su valor. Esto un gestor profesional español no podría hacerlo, ya que salvo momentos puntuales y temporales, el máximo porcentaje que puede representar una posición es de un 10%.

Pasando a las desventajas del inversor particular, quizás la principal sea la dificultad de acceder al *management* o equipo directivo de las empresas cotizadas, cuando se encuentre investigando una compañía y quiera formular preguntas a estos. Ni que decir tiene que no se le hace el mismo caso a un inversor particular que gestiona 50.000€, que a un gestor de un fondo que tiene a su disposición para invertir 500 millones. En mi opinión personal, creo que es perfectamente salvable, y se puede compensar con la ventaja de acceder a compañías inaccesibles para los profesionales (y por supuesto, leyendo todo lo que exista de la compañía que nos interese).

Otra ventaja del gestor profesional son los costes derivados de la inversión, especialmente los relacionados con los impuestos. Los fondos de inversión constituyen un instrumento estupendo para diferir o retrasar el pago de impuestos, ya que a diferencia del inversor particular, que tendrá que cumplir con Hacienda cada vez que venda con plusvalías o beneficios, o reciba dividendos o rentas, el partícipe de un fondo no paga nada si no vende su posición en el mismo. En este sentido, una forma de salvar esto es rotar muy poco la cartera, es decir, escoger aquellas empresas que podamos mantener en principio a muy largo plazo, lo que se conoce como *Buy & Hold*.

Caso contrario, nuestra rentabilidad se verá inevitablemente mermada por el pago de tributos.

Brókers: el precio de la comodidad y la confianza

Como ya vimos, necesitamos un bróker para que intermedie a la hora de adquirir o deshacernos de acciones. Y el bróker obtiene su sustento, principalmente, de las comisiones que recibe por dicha intermediación.

El bróker que normalmente más comodidad nos va a proporcionar va a ser el de nuestro banco de toda la vida. Tienes la cuenta bancaria creada de antemano, con tu liquidez ahí preparada, y en un momento contratas la cuenta de valores y el bróker, prácticamente lo haces por internet en dos minutos. Hasta aquí estupendo, la peor parte es que suelen cobrar muy bien por este servicio tan cómodo.

Nuestro bróker nos puede cobrar por varios conceptos, pero principalmente deberemos estar atentos a las comisiones por depósito y mantenimiento de nuestra cartera de acciones, por compra o venta de acciones, o por recibir dividendos. Yo no tengo nada en contra de los bancos, pero su costumbre de cobrar por el simple depósito y mantenimiento de las acciones cantidades cercanas al 1% anual es algo que creo no nos podemos permitir. En este sentido, hay que matizar añadiendo que en muchas ocasiones la comisión es considerablemente más reducida para acciones españolas, pero cuando comience a invertir, si lo hace, pronto descubrirá que el mercado español es ciertamente reducido, y que la mayoría de oportunidades que le tenderán a convencer las encontrará fuera. Si adquieres muy cómodamente acciones de una compañía, y te cobran el equivalente al 2% por la operación, mantenerlas 20 años reducirá el coste de la operación a un 0.1% anual. Razonable y asumible. Lo que ya es demasiado gravoso es sumarle cada anualidad otro 1%. Y encima si recibimos dividendos, más comisiones.

Otro problema que el inversor particular se puede encontrar es que los brókers online especializados, que son los más competitivos en lo que a comisiones se refiere, no inspiran mucha confianza. Curiosamente si analizamos sus niveles de solvencia, descubriremos que es infinitamente más sencillo que quiebre un banco tradicional, con su modelo de negocio basado en recibir dinero a corto plazo y prestarlo a terceros a largo plazo, que el hecho de que quiebre un bróker que no posee deuda. Hay que tener cuidado con dar por hecho cosas a la hora de invertir, mejor ser escépticos y comprobarlo todo.

Quizás el punto intermedio, si no nos fiamos de los brókers online, por encontrarse fuera del circuito de los bancos tradicionales, sea el bróker de cierto banco cuyos colores corporativos son naranjas (el bróker naranja de ING, vaya). Este tiene la ventaja, a diferencia de la mayoría de sus coetáneos bancarios, de que si cada seis meses se realiza una operación, algo que parece razonable, no te cobra comisiones ni por mantenimiento ni por cobro de dividendos. Sus comisiones de compra y venta no son especialmente baratas, pero si mantiene las acciones a largo plazo, que es lo suyo, el efecto de las mismas se irá diluyendo con el tiempo.

Una comisión menos conocida, pero que te puede hacer figuradamente un roto en el bolsillo si decides invertir en acciones de países de divisa diferente a la propia, es la comisión por cambio de divisa. Si compras p. ej. con el bróker de ING acciones de Coca cola, adquirirás estas inicialmente en dólares, pero luego al llegar a tu país, España en mi caso, pasarán a estar en euros, y por este cambio te cobran una comisión en ocasiones desproporcionada (cercana al 0.5% de la operación). De hecho, yo personalmente descubrí la existencia de esta comisión al ver que mis acciones norteamericanas, nada más ser adquiridas, empezaban ya en -0.5% respecto al precio de compra. Al principio no lo entendía, las había comprado a X, cotizaban a ese mismo nivel, y mi bróker me indicaba que le perdía eso, un 0.4-0.5%. Pues bien, ya les adelanto el origen.

Si de verdad van en serio con la compra directa de acciones, o incluso de ETFs de gestión pasiva, yo les recomendaría valorar los brókers online, y más concretamente Interactive Brokers (debo aquí señalar que ni ING ni estos caballeros me pagan un centavo). Con estos, además de sus muy reducidas comisiones de compraventa, pueden tener cuentas en otras divisas, y realizar sus operaciones sin pagar esa gravosa comisión (podrán cambiar p. ej. 1.000€ a dólares por una comisión muy reducida, casi inexistente). En cualquier caso, de decantarse por este bróker, debo advertirles de que harían bien en consultar con su asesor fiscal de confianza, ya que a diferencia de p. ej. ING, sus acciones estarían depositadas en Alemania, o en Italia si optasen por otro bróker online como Degiro. Al estar depositadas sus acciones fuera de España, de facto poseerán ustedes bienes en el extranjero, que deberán declararse a través de un modelo informativo periódicamente si superan determinadas cuantías (el conocido, odiado y temido modelo 720). Si bien hay que tener cuidado de cumplimentar correctamente este modelo, de estar uno obligado a presentarlo, si se informan no presenta demasiada complicación (y caso contrario, como asesor fiscal no seré yo quien les disuada de acudir a un profesional).

Sobre el tema de las comisiones, hay que ver las cosas con perspectiva. Un 1% puede parecer poco, pero no lo es. A cambio de una comisión de entre un 1 y 2% puede tener a su disposición los servicios de un profesional de un fondo de inversión, con sus ventajas. No tiene sentido invertir por su cuenta para obtener menores rentabilidades de las que obtendría delegando, y si paga muchas comisiones de custodia y demás por su actividad como inversor particular lo va a tener ciertamente difícil.

Una clasificación de las empresas cotizadas

Peter Lynch fue un gestor norteamericano de fondos de inversión que durante sus trece años de carrera profesional logró para sus partícipes una rentabilidad media anual del 29%. En su obra más conocida[11], además de fomentar que muchas personas se animasen a profundizar en la inversión en empresas, aportó una estupenda categorización de las empresas en seis grupos. Así, Lynch distinguía entre empresas de bajo crecimiento, empresas estables, empresas de alto crecimiento, empresas cíclicas, empresas con activo oculto y empresas recuperables o en reestructuración.

Encuadrar cada una de las empresas que analizamos nos puede ayudar a saber lo que podemos o no esperar de ellas, sus riesgos y potencialidades. En suma, un paso a la hora de invertir en acciones de empresas cotizadas que haremos bien en no saltarnos.

Sobre esta categorización, hay que resaltar que a las empresas que analicemos, y clasifiquemos en una u otra categoría, deberemos hacerles un seguimiento periódico, ya que su situación puede cambiar, debiendo ser en ocasiones reubicadas.

---

[11] P. LYNCH, *Un paso por delante de Wall Street*, pp. 135 – 156.

Empresas de bajo crecimiento

El elemento diferenciador de las empresas de bajo crecimiento es el estancamiento, o crecimiento reducido de sus beneficios, y con ello de su cotización. Son empresas que por un motivo o por otro, no se ven capaces de seguir expandiéndose, y en consonancia dedican buena parte de sus beneficios a pagar un buen dividendo (o en palabra más técnicas, su *pay-out*, la porción de los beneficios dedicado a remunerar a sus accionistas, es elevado).

Normalmente de una empresa de bajo crecimiento no podremos esperar grandes revalorizaciones, aunque si lo que nos interesa es acceder a un dividendo elevado rápidamente, las empresas de bajo crecimiento son las indicadas para ello. Y en este sentido podría valer como ejemplo la compañía Naturgy (antigua Gas Natural Fenosa): si analizamos su cotización en los últimos cinco años apenas se ha revalorizado, pero por el camino ha ido repartiendo anualmente jugosos dividendos.

Empresas estables

El Sr. Lynch denomina empresas estables a aquellas que presentan un crecimiento de sus beneficios intermedio, de alrededor de un 10-12% anual. Generalmente nos encontramos ante muy buenas empresas, empresas con historia, pero que presentan ya un tamaño considerable que no les permite expandirse como en sus inicios (hoy día serían encuadrables en esta categoría empresas con un crecimiento menor, teniendo en cuenta que vivimos en una época de estancada inflación).

En este grupo de empresas deberemos tener cuidado, sobre todo, con el precio al que las adquirimos. Así, nadie duda de que Coca cola sea una buena compañía, lo es, de hecho se trata de una empresa de la que podríamos decir sin ningún género de dudas que es una empresa de calidad, pero no es lo mismo comprarla a diez veces los beneficios de su último año, que a treinta (el primer supuesto sería una oportunidad de libro, a falta de investigar en profundidad las circunstancias de la compañía, mientras que en el segundo caso estaríamos en principio pagando de más). Sobre la ratio mencionada, que obtenemos dividiendo la capitalización bursátil entre los beneficios de su último ejercicio (ratio PER, se denomina), tenemos que tener presente que es muy relativa, ya que podemos encontrarnos empresas que crezcan mucho, como puede ser Inditex, y que siempre parezcan, con este ratio en la mano, muy caras (y ciertamente con estas empresas el riesgo es ese, que sus beneficios por acción dejen de crecer al ritmo esperado, momento en el que como ya le pasó precisamente a Inditex se puede pegar un bajón bursátil considerable). Sobre los beneficios contables, hay que decir que, como ya veremos, es una partida que hay que ajustar, porque en ocasiones, sea para bien o para mal, no refleja con precisión la realidad de la empresa.

En las empresas estables encuentran sus opciones favoritas los inversores a muy largo plazo, los entusiastas del *Buy & Hold*, que compran sus acciones con la intención de nunca venderlas. Y es que tienden a ser empresas con una buena situación financiera, ventajas competitivas y una fantástica historia de crecimiento de beneficios. Además, suelen elevar sus dividendos en consonancia con sus beneficios, por lo que si tenemos paciencia, al final con el paso de los años, si su negocio sigue en la buena dirección, tendremos una interesante rentabilidad por dividendo (un 2% de rentabilidad por dividendo no es muy atractivo, pero si este crece durante veinte años al 10% anual, obtendríamos ya un 13.45%).

Ni que decir tiene que si basamos nuestra inversión no tanto en el atractivo del precio de una empresa estable, sino en su capacidad de crecer y crecer durante muchos años, deberemos comprobar periódicamente el estado de las ventajas competitivas de la empresa en cuestión, así como el atractivo del negocio, ya que cuando empiecen a erosionarse las ventajas competitivas, o a diluirse el potencial del negocio en el que mantiene su actividad, la caída en la cotización puede ser fortísima, al cotizar estas empresas normalmente muy caras, en consonancia a sus expectativas. Valga aquí el mencionado ejemplo de Inditex.

Empresas de alto crecimiento

Las empresas de alto crecimiento constituyen, junto con las empresas recuperables o en reestructuración, que veremos más adelante, las que tienden a presentar mayores potenciales de revalorización, pero también un mayor riesgo. Aquí hablamos de empresas en franca expansión, con crecimientos superiores al 20% anual.

Normalmente, el tamaño de las empresas de alto crecimiento será reducido, aunque no siempre. Así, podemos encontrar gigantes empresariales como Alphabet –la matriz de Google– o Facebook, con beneficios anuales mareantes, y que a su vez crecen a día de hoy a doble dígito, pero no es lo habitual. El tamaño es normalmente enemigo de la rentabilidad, de forma que antes o después llegará un momento en que estas pisen el freno y ralenticen su crecimiento.

Cuando invertimos en empresas de alto crecimiento, tenemos que tener presente una adecuada diversificación, ya que muchas se quedarán por el camino. Si invertimos en veinte compañías pequeñas y de crecimiento agresivo, el éxito de unas cuantas de ellas podrían compensar la desaparición de otras tantas, pero de haber sido nuestra inversión menos diversificada, en dos o tres compañías de este estilo por ejemplo, corremos el riesgo de perderlo todo, o buena parte de nuestra inversión.

Además, cuando nuestras empresas de alto crecimiento son empresas de alta capitalización, de un tamaño importante, debemos valorar hasta qué punto tienen estas mercado suficiente por conquistar como para mantener esa expansión. Y debemos tenerlo en cuenta porque el precio de las compañías de alto crecimiento tiende a recoger dicha expectativa de crecimiento, tendremos que pagar un precio extra por el crecimiento futuro. Así, una compañía de esta categoría podría pasar de crecer al 20% a un estupendo pero menor 15%. Esto, que no haría menos merecedora de elogio a la compañía en cuestión, podría hacer caer fuerte su cotización si el conjunto de inversores descontaba en el precio un crecimiento del 20%, y no del 15.

En ocasiones, lo que es perjudicial o negativo para unos puede ser una oportunidad muy buena para otros, y esto también sucede con las empresas de alto crecimiento. Así, si una empresa de este tipo ralentiza su crecimiento, y sus acciones como consecuencia de ello se abaratan considerablemente en Bolsa, haremos bien en analizar las causas de dicha ralentización, ya que podría deberse a un problema temporal, para volver luego a sus habituales tasas de crecimiento (y de igual forma que las caídas abruptas son habituales en compañías para las que se descuenta un fuerte crecimiento, de darse una recuperación sus cotización tenderían igualmente a apreciarse considerablemente).

Empresas cíclicas

Son empresas cíclicas aquellas cuyo negocio se expande durante un determinado período de tiempo, para luego contraerse y volver a crecer. Imaginemos el negocio de una empresa automovilística al uso: cuando la economía de un determinado país mejora, y sus ciudadanos prosperan, estos adquieren o renuevan sus coches; sin embargo, cuando dicha prosperidad desaparece con una crisis o recesión, y sus habitantes engrosan las listas del desempleo, lo último que se pueden permitir es un gasto como el propio de comprar un coche, simplemente aguantan y van reparando el que tienen hasta que vengan tiempos mejores y listo.

Lo bueno de las empresas cíclicas es que puedes obtener altas rentabilidades si las adquieres en la zona baja del ciclo. Lo malo, que no es tan fácil entender y acertar con el ciclo de negocio de una empresa cíclica. Con las que no son cíclicas, McDonald's por ejemplo, uno se tiene que preocupar de la competencia y de que no paguemos demasiado por sus acciones, pero sabemos que en tiempos de crisis los clientes han seguido comprando sus hamburguesas de bajo precio (esto generalizando mucho, porque de hecho el mayor negocio de McDonald's no es vender hamburguesas, sino obtener rentas inmobiliarias de sus franquiciados).

Independientemente de que acertemos más o menos con la parte del ciclo en el que se encuentra una empresa cíclica, haremos bien en elegir empresas financieramente saneadas, es decir, con poca o nula deuda –o, mejor que mejor, con caja neta, es decir, con más efectivo que deudas–, y además que sean las más eficientes del sector, las que tengan mejores márgenes. De esta forma, si nos hemos equivocado, y el ciclo del negocio de la empresa en cuestión no ha tocado fondo, no lo perderemos todo como lo perderíamos si estuviera en posición de quebrar, ya que una empresa sin deuda no puede financieramente hacerlo, y podremos en el futuro ir recuperando conforme mejore el negocio.

A la hora de hablar de empresas cíclicas debemos decir que no todas las encuadrables en esta categoría lo están por verse afectada por el ciclo económico. Algunas podrán verse afectadas por el ciclo de una materia prima, por un ciclo de Capex o inversiones periódicas en su negocio o bien existir ciertas características especiales en su negocio que le dan ciclicidad. Vamos a ver algunos ejemplos de cada tipología.

Empresas que se ven muy afectadas por el ciclo de una materia prima, o varias. Pensemos por ejemplo en una empresa como Técnicas Reunidas, compañía española quizás poco conocida.

Técnicas Reunidas es una empresa de servicios, y los encargados de ejecutar estos servicios son principalmente ingenieros. Principalmente se encarga de diseñar y controlar la ejecución de obras relativas a instalaciones relacionadas con el negocio del petróleo y el gas (además, también lleva a cabo servicios de consultoría o mantenimiento de instalaciones, entre otros). Bien, podríamos pensar que si Técnicas Reunidas no comercializa ni petróleo ni gas, sino que simplemente colabora en la construcción de sus instalaciones, no debería verse muy afectada por el precio de estas materias primas. Pues no, lo cierto es que se ve muy afectada y mucho. Pensemos p. ej. en el precio del petróleo, que ha variado muchísimo en la última década. Si una empresa productora de petróleo, pongamos la española Repsol, obtiene rentabilidad a partir de, imaginemos, cuarenta dólares el barril, no podrá pagar lo mismo por una plataforma para extraer petróleo si el barril se encuentra a cuarenta y cinco dólares que a noventa. Así, los márgenes de rentabilidad de los nuevos proyectos de Técnicas Reunidas dependen mucho de la recuperación o no de los precios del petróleo y del gas natural, pudiendo languidecer y pasarlo muy mal en determinados niveles, o multiplicar sus beneficios si recuperan fuerte y de manera sostenida los precios.

Veamos el siguiente caso, el ciclo de Capex. El Capex es una tipología de gasto en las empresas, que a su vez se divide en dos, el Capex de mantenimiento y el Capex de inversión. Cuando gastamos efectivo en mantener activos, ese gasto se denominaría Capex de mantenimiento, y si gastamos efectivo en adquirir nuevos activos, se pasaría a clasificar como Capex de inversión. Bien, notas teóricas aparte, vayamos al ejemplo, y más concretamente tratemos de trasladarnos al negocio papelero. Una compañía cotizada española se dedica a la producción de papel, entre otros el papel que utilizamos para imprimir: Iberpapel. Iberpapel posee masas forestales, árboles en definitiva, que utiliza para a su vez fabricar celulosa, celulosa con la que finalmente fabrica estos folios. Pues bien, la dinámica de una empresa como Iberpapel es seguir un ciclo de Capex determinado. Ahorran durante años, pongamos cinco, y durante ese tiempo simplemente gastan en mantener sus activos, o mejorarlos levemente, pero no acometen inversiones. Una vez que tienen suficientemente efectivo ahorrado, pasan a gastarse durante dos o tres años buena parte de lo ahorrado en construir, siguiendo el ejemplo, unas instalaciones nuevas para producir una tipología de papel más demandado que el que podría ser el de escritura. El gasto de Capex de inversión, contablemente reduce el beneficio, y como dura un par de años, parecerá que a la empresa le va horriblemente mal (imaginemos que la compañía normalmente ingresa cien millones y gasta en mantener su negocio treinta millones, obteniendo por tanto un beneficio de setenta millones: esos setenta millones, si anualmente acometemos inversiones por valor de cincuenta para las nuevas instalaciones, se quedarán en veinte). Pero al final se trata de eso, de un ciclo: finalmente cuando Iberpapel acaba sus inversiones se pasa unos años sin acometer inversiones, y disfrutando de sus nuevos ingresos, su beneficio contable vuelve a brillar (hay que decir que la ciclicidad del negocio de Iberpapel es doble, porque el precio de las materias primas que comercializa, es decir, la madera, la celulosa y finalmente el papel, también es variable). Esto es un ejemplo más de la importancia de tener nociones básicas de interpretación de estados financieros, hay que conocer como se obtiene la cifra del beneficio contable.

Finalmente, hay empresas cuyas especiales características de su negocio las hace en cierto modo cíclicas. Pensemos en otra española, Alantra, y más concretamente en su negocio de gestión de activos. El negocio de Alantra se divide en dos patas, la banca de inversión, que incluiría asesoramiento en operaciones societarias de fusiones o adquisiciones p. ej., y su negocio de gestión de activos. Este último, la gestión de activos, consiste en la creación de fondos de inversión, en los que sus clientes invierten, para que estos a su vez acometan inversiones de muy variadas tipología (unos invierten en empresas cotizadas, otros en activos inmobiliarios, los hay de inversión en deuda o en empresas que no cotizan). En cualquier caso eso, fondos de inversión que cobran normalmente dos tipos de comisiones, una fija sobre el patrimonio gestionado, pongamos un 1% anual, y otra denominada 'de éxito', que se cobra si se superan los objetivos fijados a la hora de 'lanzar' el fondo de inversión. Bien, estos inversores normalmente comprometen su dinero en estos fondos por unos años, imaginemos que siete años, y en ese tiempo los profesionales de Alantra van haciendo su trabajo en lo que a inversiones se refiere (y van cobrando su comisión fija). A los siete años, se producen las desinversiones y se produce la devolución del dinero a los clientes (y si se han producido rentabilidades por encima del objetivo, Alantra cobra sus comisiones de éxito). ¿Dónde radica pues la ciclicidad del negocio? Pues como podremos imaginar, habrá años en los que se cobrarán, si se hacen bien las cosas, que en el caso de Alantra así ha sido, fuertes comisiones de éxito, y otros años en los que los fondos sólo devengarán las comisiones fijas, o directamente todavía no la devengarán porque no se ha reunido el suficiente patrimonio de inversores como para lanzarlos. Aquí habrá que tener cuidado con dar por hecho que todos los años va a ganar Alantra lo mismo: no, habrá años que su beneficio para bien o para mal no reflejará su realidad media. Deberemos 'normalizar' su beneficio, es decir, calcular cuánto ganará en media por las comisiones fijas, y estimar, mejor conservadoramente, cuánto ganará por comisiones de éxito a lo largo de todo su ciclo, pongamos como hemos dicho de siete años.

Como podemos apreciar, las empresas cíclicas no son las más sencillas de valorar. Personalmente soy de la opinión de que el inversor particular debería abstenerse de invertir en cíclicas que dependan mucho de una materia prima o del ciclo económico, y en cambio, si está dispuesto a hacer el suficiente trabajo de investigación, sí podría llegar a invertir con suficientes garantías en cíclicas que lo son por su gasto de inversión en activos o bien por características especiales del negocio.

Peter Lynch, y otros afamados inversores, han hecho mucho dinero invirtiendo en empresas cíclicas de la tipología desaconsejada. Hay que decir que estos han contado con medios por encima de los propios de los que podría tener un inversor particular, y en ocasiones, por qué no decirlo, también han tenido esa pizca de suerte que nunca viene mal (estos últimos años gestores sin duda muy profesionales han venido sufriendo inversiones en empresas cíclicas por no acertar con el momento del ciclo en el que se encontraban, los análisis p. ej. relativos al ciclo de materias primas pueden ser acertados pero pueden pasar años hasta que 'el mercado' te dé la razón, y son años en los que la cotización de las empresas implicadas puede dividir por dos, por tres o por lo que sea, no todo el mundo se puede permitir esperar a que le reconozcan que lleva razón). En definitiva las cíclicas mencionadas brillan cuando todo acompaña, y son horribles cuando no, el inversor particular hará bien en mantenerse alejado (aunque si usted conoce el negocio y se ve capacitado, por supuesto siéntase libre de acometer las inversiones que estime conveniente, yo hablo únicamente por lo que he tenido ocasión de observar y en base a mis reflexiones).

Empresas recuperables o en reestructuración

En esta categoría se encuadran aquellas compañías que, habiendo tocado fondo, en ocasiones a una profundidad tal que casi rozan el concurso de acreedores, estimamos que pueden salvarse. Estas presentan el riesgo de perder lo invertido, si no lo logran, pero también el beneficio de, en ocasiones, multiplicar por varias veces lo invertido si sobreviven y siguen adelante.

Un ejemplo de empresa en su momento categorizable como recuperable, cotizada en las Bolsas españolas, fue ArcelorMittal, que como su nombre permite deducir se dedica al negocio del acero, y está dirigida por el que es además accionista mayoritario, el Sr. Lakshmi N. Mittal. Esta empresa, en el marco de su proceso de reestructuración, llegó a vender varios de sus activos, que junto a una importante ampliación de capital se demostró suficiente como para seguir adelante. Su cotización tocó mínimos en algo menos de 6 euros en febrero de 2016, ascendiendo hasta 25 euros un año más tarde (y cayendo en 2020 a 9 euros debido a su ciclicidad, muy dependiente del ciclo económico y del de varias materias primas -no dirán que no se lo advertí, estas inversiones no son para todo el mundo-).

Como ya habrá deducido el lector, este tipo de operaciones en empresas en reestructuración ni son sencillas, ni son para todo tipo de inversores. Cuando empecemos a invertir, podremos seguir este tipo de situaciones para aprender de las mismas con vistas al futuro, pero como inversores particulares, y por ello normalmente con una menor capacidad de acceso a la información del estado de la compañía y de su reestructuración, haremos bien en ver los toros desde la barrera.

Sobre las empresas en reestructuración o recuperables, en muchas ocasiones no se trata tanto de que vayan a sobrevivir o no. Incluso si acierta el inversor acerca de su supervivencia puede perder mucho dinero. Imaginemos el caso de Boeing, empresa norteamericana líder, junto a la europea Airbus, en la producción de aeronaves. Esta compañía ya venía tocada, porque como ya sabrán ustedes algunas aeronaves de su último y flamante modelo, el 737 MAX, se estrellaron. Y como su seguridad no se encontraba claramente garantizada, se restringió su uso hasta que la compañía pudiera realizar las modificaciones adecuadas y se le diese el visto bueno. En esas circunstancias, en las que ya la compañía lo estaba pasando francamente mal, llegó en 2020 la pandemia del Covid-19, que hizo estragos en sus principales clientes, las aerolíneas. ¿Va a sobrevivir Boeing a esta crisis? Yo me atrevería a afirmar que muy probablemente sí, pero el problema es el mecanismo con el que se la va a mantener a flote mientras todo se va recuperando. Y es que las empresas que la necesitan pueden en muy resumidas cuentas obtener financiación por dos vías, por la tradicionales de los préstamos, o por las ampliaciones de capital. Estas últimas no tienen nada de malo, cumplen su función, pero presentan fuertes incertidumbres cara a calcular su impacto. Así, imaginemos que el capital social de Boeing se divide en 1.000 acciones, y nosotros, que hemos invertido durante la crisis en ella, poseemos 100 acciones, el 10% de la misma, a un precio por acción de 5 dólares (nuestra inversión sería por tanto de 500 dólares). Ahora supongamos que se anuncia una ampliación de capital, en la que se doblará el número de acciones en circulación, es decir se emitirán otras mil, y que la misma se realiza a un precio por acción de 2 dólares. Aquí pasaríamos a tener el 5% de la misma, ya que el número de acciones en circulación se ha doblado, y nuestra inversión se habría visto reducida a 200 dólares. Y pensaremos: ¿ya está, la empresa luego no podrá ir recuperando? Pues sí, efectivamente, nada impide que luego con los años triplique y obtengamos una buena rentabilidad. Al final todo depende de eso, de cuánto dinero va a necesitar la compañía para sobrevivir y a qué precio se va a realizar la ampliación de capital.

Hay que decir que los casos de empresas en reestructuración no siempre son tan exagerados como el caso de Boeing o de ArcelorMittal. En ocasiones no se requiere para nada andar con ampliaciones de capital ni nada parecido, simplemente la empresa necesita un nuevo plan de negocio que se ajuste a la nueva realidad empresarial, y todo depende del éxito del equipo directivo en ejecutar dicho plan. Un ejemplo de esto sería la francesa Carrefour, que lleva años tratando de ejecutar un nuevo plan por el que, estiman, recuperarían buena parte de su rentabilidad pasada. Estos planes no siempre son fáciles de ejecutar, porque ni la competencia se está quieta ni los ajustes en materia de gastos se acometen con tanta facilidad (despedir o reducir salarios está sujeto a regulaciones, a posibles huelgas y demás, y más si cabe si se trata de países como Francia o España, todo esto hay que tenerlo en cuenta).

En definitiva, misma conclusión por mi parte que en lo relativo a las empresas cíclicas: no son las ideales para el inversor particular. Pienso que no yerro si afirmo que es mala idea andar copiando a los gestores profesionales, y de hecho pienso que el particular no tiene ninguna necesidad de andar aspirando a dar pelotazos en casos complejos.

Empresas con activo oculto

Finalizaba el Sr. Lynch con una categoría de empresa sencilla de entender, y es que son empresas con activo oculto aquellas cuyo precio de cotización no recoge sus propiedades o derechos. En ocasiones, el activo oculto de una compañía cotizada son bienes inmuebles o suelo. Imaginemos, por poner un ejemplo español, el caso de Corporación Financiera Alba. Esta, como ya hemos comentado anteriormente, es un holding que posee participaciones en empresas cotizadas, no cotizadas, y bienes inmuebles. Su capitalización bursátil es de 2.800 millones de € (agosto 2018). Pues bien, si sumamos el valor en Bolsa de sus participaciones en cotizadas, tenemos 3.708 millones. Si bien antes de realizar su más reciente adquisición, el 5.17% de Naturgy, disponían de 887 millones de caja neta, esta operación ha supuesto 980 millones, por lo que deberíamos restar esos 103 millones en concepto de deuda. Así, si liquidásemos la compañía a valor de mercado, tendríamos 3.605 millones de €, algo menos de un 30% más que su capitalización actual. Y tendríamos gratis, por así decirlo, sus empresas no cotizadas, que esta valora en 190 millones, y sus inmuebles, valorados por la misma en 341 millones. El truco, claro está, es que tendríamos que controlar la compañía para desmantelarla, y que mientras tanto el mercado no tiene especial prisa en reconocer un valor que como siempre es subjetivo, y que está sujeto a muchas variables que probablemente no habremos tenido en cuenta en este breve análisis (que, no obstante, espero valga como ejemplo de compañía con posible activo oculto).

Los activos ocultos o no valorados por el mercado de una empresa cotizada no tienen necesariamente que ser bienes inmuebles o participaciones en otras compañías, puede darse el caso de que la misma venga de perder mucho dinero, y tenga así derecho a créditos fiscales futuros, de forma que durante un tiempo no tenga que satisfacer el correspondiente Impuesto sobre Sociedades, o no en toda la cuantía que en circunstancias normales le correspondería, o bien la compañía puede directamente tener una caja neta, dinero ahorrado, que el mercado bursátil no esté valorando (aquí serían especialmente atractivas, además de escasas, las famosas Net-Net del inversor y escritor Benjamin Graham, que son aquellas compañías cuya caja neta es superior a su capitalización bursátil).

Sobre los activos ocultos, hay que volver a la necesidad de formarse en materia de contabilidad y estados financieros si queremos invertir por nuestra cuenta. Como veremos, los activos, sean tangibles o intangibles, van perdiendo valor con el paso del tiempo. La normativa contable nos da indicaciones de a qué porcentaje deberemos ir restándoles valor en el balance de situación, en nuestra contabilidad para entendernos, y esa cuantía anual por la cual según esa normativa se van depreciando deberemos incluirla como gasto por depreciación o amortización. Hasta ahí bien. Ahora imaginemos que somos propietarios de un inmueble, un edificio p. ej., y ese edificio, según la normativa contable, tiene una vida útil de unos treinta años (y por tanto, se deprecia a un 3.33% anual). Han pasado treinta y cinco años desde su adquisición, y ya no aparecen en el balance de situación de la compañía, porque según la normativa contable ya debería haber desaparecido, tras esos treinta años. Pero resulta que no, que ese edificio sigue donde siempre y puede ser objeto de venta. Pues tendríamos un activo oculto, que igual no todos los inversores están valorando.

Con los activos ocultos hay que ser cautelosos, porque no basta solo con identificarlos, sino que debe existir un catalizador para que el mercado los reconozca. De hecho, en ocasiones 'el mercado' puede ser consciente de que en el precio de la empresa que hemos localizado el edificio no se está teniendo en cuenta a la hora de valorarla, simplemente está dando por hecho que nunca se va a vender, o que su venta es improbable. Cada año que pasemos sin que el activo oculto no aflore, será un año en el que habremos soportado el coste de oportunidad de haber invertido en otra empresa.

Precaución con las OPV

OPV son las siglas de Oferta Pública de Venta, y se refiere a la operación por la cual una empresa o sociedad pasa a cotizar en Bolsa. Básicamente, uno o varios propietarios de la compañía objeto de la OPV ponen a disposición del conjunto de sujetos que participan comprando y vendiendo acciones, un porcentaje, que podrá ser mayor o menor, de su propiedad.

En general, con las OPV el inversor particular tiene las de perder. Por un lado, la información disponible es limitada, y dicha información, que elabora el banco de inversión que intermedia la operación, tiende a verse influenciada por el incentivo de los vendedores de vender al mayor precio posible. Por supuesto, presentar a los posibles interesados información falsa no está permitido, aunque sí que habrá algunos datos inevitablemente subjetivos, como las previsiones de futuro en el negocio de la compañía, que sí podrán exagerarse, pecando de excesivo optimismo.

Así, si una empresa va a empezar, si todo sale bien, a cotizar en Bolsa, es más prudente esperar a que todo se estabilice, y con la información periódica de la misma ir elaborando nuestra tesis de inversión con vistas a comprarla a un precio ajustado a su valor intrínseco.

En cualquier caso, y como ya mencionó en alguna ocasión el Sr. Lynch, puede ser interesante echarle un ojo a las OPV de compañías de titularidad pública que van a privatizarse a través de este mecanismo. En un porcentaje importante de los casos se trata de activos valiosos, hecho que, de la mano de unas cuentas saneadas, puede ser ciertamente una oportunidad de inversión (igualmente seguiría siendo prudente esperar un tiempo antes de adquirirlas).

La sistematización y el proceso en la inversión

Una vez hayamos hecho un par de operaciones, a través de nuestro bróker favorito, seremos conscientes de lo sencillo que hoy resulta, prácticamente puedes ejecutar una operación de compra o venta en treinta segundos. Esto, posible con los recientes avances tecnológicos, está muy bien, pero como contrapartida es un importante facilitador para aquellos momentos en los que invirtamos o vendamos un activo siguiendo un impulso. Podemos pensar que somos muy fríos y templados, pero al final somos seres humanos y como tales susceptibles de dejarnos llevar, también en temas de inversión, y más si los impulsos dan lugar a realidades en treinta segundos.

Una forma de evitar caer en esto, en la toma de decisiones impulsiva, que sin duda es la vía más rápida para perder patrimonio, es elaborar un proceso para invertir y para deshacer posiciones, de forma que si compramos o vendemos algunas de nuestras acciones podamos equivocarnos, pero siempre constituirán decisiones racionales y fundamentadas. Una vez elaborado el que será nuestro procedimiento a seguir, simplemente nos quedará obligarnos a seguirlo, para no caer en la compra o venta puntual impulsiva.

En este sentido, para evitar meter la pata invirtiendo y para maximizar nuestra inversión, es útil sistematizar las compras, y para ello lo mejor es la inversión sistematizada atendiendo a una fórmula. Así, si decidimos que vamos a invertir en acciones de empresas cotizadas el 50% de nuestro patrimonio, podemos actualizar cada seis meses, o con la periodicidad que mejor nos venga, los ingresos que hemos percibido, nuestros gastos, y la apreciación o depreciación de nuestra cartera. Veámoslo con un ejemplo. Disponemos de 50.000€, y vamos a invertir en renta variable el 50%, de forma que invertimos 25.000 y los restantes los ahorramos para cubrir posibles imprevistos. Si pasados seis meses, nuestra cartera se ha apreciado hasta valer 30.000€, y hemos ahorrado 10.000€ extra (por lo que tenemos 35.000€ ahorrados), nuestro patrimonio sería ahora de 65.000€. A esa cantidad le aplicamos nuestro porcentaje a invertir en empresas cotizadas, del 50%, y nos sale 32.500€. Como son 2.500€ más de lo que efectivamente tenemos invertido, pues disponemos de 2.500€ para invertir en los próximos seis meses. Si hemos tenido muchos gastos, también podría darse el caso de que tuviéramos que vender para compensar la balanza, y no invertir nada durante los seis meses siguientes, lo cual es perfectamente razonable, lo que no debemos hacer en este caso es impulsivamente invertir 'algo', cuando realmente hemos tenido muchas obligaciones de gasto y lo que toca es ahorrar.

Respecto al proceso y la sistematización, ni que decir tiene que cada persona y familia es un mundo, cada uno deberá valorar su situación y elaborarlos en consonancia.

Lo acertado de invertir con un *check list*

Un *check list* consiste en una serie de elementos, circunstancias, o características, que entendemos debe presentar, o bien no deben darse, en nuestra empresa ideal, para que decidamos invertir una parte de nuestro patrimonio en la misma. Es una forma de, siguiendo con lo anteriormente explicado respecto a las virtudes de la sistematización, sistematizar nuestro proceso de inversión, y en este sentido he querido destacar una serie de puntos que deberían estar presentes en una compañía que personalmente me atraiga con vistas al largo plazo:

¿Existe en la empresa un accionista de referencia?

O en otras palabras, que el poder en relación a la toma de decisiones en la compañía esté en manos de un accionista, o bien un conjunto de accionistas que constituyan una familia empresaria. Y es que rara vez una compañía en la que se dé esta circunstancia se dirige con un horizonte temporal de corto plazo.

Cuando no existe *skin in the game*, o alineación de intereses, entre los que dirigen efectivamente la compañía y los accionistas a largo plazo, se pueden dar situaciones contrarias a toda lógica económica, como por ejemplo seguir aumentando el dividendo, o incluso mantenerlo, cuando para pagarlo hay que endeudarse. Este fue el caso p. ej., no ya ahora pero sí en el pasado, de Telefónica, compañía con un nivel de apalancamiento entonces exagerado, y que hoy día sigue siéndolo, aunque estén en el buen camino de reducirlo con el nuevo equipo directivo, y que financiaba su creciente y exagerado dividendo con nueva deuda a altos tipos de interés.

En cualquier caso, por ser justos, hay que reconocer que las empresas familiares también pueden presentar inconvenientes, en el caso de no ser familias bien avenidas sobre todo, o en relación a la sucesión en la dirección. Es una costumbre habitual en las familias empresarias, y no por ello menos sensata, el mandar a los hijos a la competencia a trabajar allí. Tiene sentido, porque por mucho que empieces desde abajo, en una empresa cotizada controlada por tu familia los trabajadores pueden verse condicionados en relación al trato que te dispensen por el hecho de que sea el hijo o familiar del o los dueños. La hija del difunto don Emilio Botín, doña Ana Patricia Botín, hoy Presidenta del Banco Santander, aprendió a desenvolverse en el negocio bancario trabajando no en el Santander, sino en JP Morgan, para luego, ya bregada en lo concerniente a este negocio, volver para ir paulatinamente cogiendo el testigo de su padre.

Como en todo, existe una amplia gama de grises. También he podido ver accionistas de referencia que, al tener poder de decisión, se asignaban por la gestión sueldos exageradamente altos, favorecían a otras empresas de su propiedad, etc. Y el problema es que vivían estupendamente mientras que la compañía de la que uno podía ser accionista se veía perjudicada. Y al contrario, podemos encontrarnos empresas sin accionistas de referencia que funcionan perfectamente, por ejemplo por contar con un equipo directivo apasionado con su trabajo y con los adecuados incentivos con vistas a alinear intereses con el accionista minoritario.

¿Estamos ante una compañía resistente al paso del tiempo?

Aunque la ausencia de esta circunstancia no tenga que resultar excluyente en relación a una posible inversión, estar ante compañías con mucha historia, en el sentido de haber sido capaces de sobrevivir no sólo al libre mercado y a la competencia, sino también a los diferentes gobernantes que les han tocado vivir, es un punto positivo, que suma.

Una empresa que ha sobrevivido a políticos de dudosa reputación, a los vaivenes en las políticas de los diferentes banqueros centrales, incluso a guerras, todo esto durante, por ejemplo, cincuenta, sesenta o setenta años, te aporta tranquilidad en relación a su capacidad de adaptarse a todo lo que no dependa de su buen hacer en el marco de su negocio.

Este punto puede parecer menor cuando todavía no se ha invertido, pero cuando uno empieza a invertir constata que siempre hay algún nubarrón en el horizonte, a nivel nacional o internacional, relacionado con la actuación o posible actuación de los gobernantes y sus subordinados. Hay que esforzarse por no ser pesimista sobre el futuro, constantemente, pero es más sencillo ser optimista si sabes que la compañía en la que has decidido invertir ha sobrevivido a tiempos mucho más difíciles que los actuales.

¿Pervivirá en el tiempo el producto o servicio que constituye el negocio de la compañía?

Por suerte o por desgracia, no disponemos de una bola de cristal para analizar el futuro que está por llegar. Sin embargo, a la hora de estudiar en qué compañía depositar nuestros ahorros sí puede ser interesante reflexionar acerca de si el bien o servicio que ofrece en el mercado va a seguir siendo útil para la sociedad a largo o muy largo plazo.

Pensémoslo. ¿Tiene sentido estimar que dentro de veinte o treinta años se seguirá consumiendo vino? Podría darse el caso de que la costumbre milenaria de su consumo desaparezca, pero parece mas bien improbable. ¿Seguirán las nuevas generaciones viendo la televisión tal y como la conocemos hoy día? Puede que sí, puede que no, pero si has probado a ver series en plataformas de contenidos como pudieran ser Netflix o HBO, con la calidad de las mismas, y la comodidad de elegir en cada momento las que nos apetecen ver, al menos alguna duda al respecto te surge (por otro lado, puede no desaparecer el consumo de vino pero sí ir poco a poco reduciéndose, lo que podría dar lugar, si va de la mano de la inexistencia de alzas en sus precios, a una progresiva pérdida de valor para los accionistas). Cuando se invierte a largo plazo en empresas cotizadas, y personalmente no se me ocurre otra forma viable de hacerlo, hay que pensar en el largo plazo. Es de perogrullo, una obviedad, pero hay que esforzarse por pensar y reflexionar, ya que, caso contrario, a la mínima que el bien o servicio de la empresa en la que somos accionistas se vea amenazado, la tentación de vender será tremenda (y la venta por impulso suele acabar mal).

Para finalizar con este asunto, hay que valorar también si el mercado recoge ya esta circunstancia, sea positiva o sea negativamente. Está bien que el negocio del vino parezca tener futuro a largo plazo, pero esto no justifica necesariamente pagar un precio desproporcionado con las acciones de una empresa que lo fabrique. De igual forma, podemos encontrar oportunidades en aquellos bienes o servicios, como el que hemos comentado de la televisión tradicional, para los que el mercado dé por hecho que van a desaparecer, ya que a veces encontraremos precios de derribo, y después de un análisis en profundidad podemos llevarnos gratas sorpresas, que nos lleven a adquirir dichas acciones con mucho margen de seguridad.

¿Estamos ante una compañía no tecnológica capaz de resistir disrupciones tecnológicas?

Como más adelante veremos, las empresas pueden presentar diferentes tipos de ventajas competitivas, que de darse les permitirán ser considerablemente más rentables que la competencia. Estas ventajas, que ya vimos que también se denominaban a menudo fosos defensivos, por el papel de los mismos en la defensa durante la Edad Media de los castillos y sus habitantes y tesoros, pueden erosionarse de diferentes formas dependiendo de la ventaja competitiva en cuestión. Monitorizar que estas ventajas competitivas se mantienen es relativamente sencillo, aunque requiera tiempo de estudio y análisis, porque no suelen desaparecer de la noche a la mañana. Sin embargo, empresas con ventajas competitivas tradicionales sí pueden ver desaparecer rápidamente su negocio, o al menos verlo menguar, por causa de una disrupción tecnológica.

En este sentido, no estamos animando a descartar toda empresa con ventajas competitivas susceptible de sufrir por causa de los avances tecnológicos. Si lo hiciéramos, casi no podríamos invertir en compañía alguna. No, lo que creemos prudente es tener cuidado con el precio que pagamos por las ventajas competitivas tradicionales. Hoy día existe un miedo importante a que empresas consolidadas sean conquistadas por gigantes del comercio electrónico como Amazon. Puede que suceda o puede que no. Lo interesante del asunto es que podemos adquirir acciones de empresas con ventajas competitivas a un precio que en otras circunstancias sería muy superior. Y si llegamos a la conclusión, tras analizar y comprender el negocio, que no existen demasiadas probabilidades de que compañías como Amazon acaben con ellas, podremos comprarlas a precios de saldo, y si el tiempo nos da la razón y la compañía resiste, sus revalorizaciones serán potencialmente altas (ni que decir tiene que habrá que diversificar, porque no siempre estaremos en lo cierto).

¿Está dirigida la empresa por un buen equipo directivo?

El equipo directivo de una compañía en la que merezca la pena invertir deberá ser capaz pero también honesto.

Si bien es cierto que los mejores negocios son aquellos que ni un mal equipo directivo puede arruinar, un *management* incapaz, por mucho que esté a los mandos de un negocio que constituya una maquinaria tan bien engrasada y organizada que prácticamente no haya que gobernar, sí que puede desaprovechar los frutos de tan buen negocio, asignando mal el capital. Así, un afán desmedido por dejar huella en la compañía, por parte de la directiva, en un entorno de negocio que lo que requiera es simplemente ver crecer la hierba y optimizar el propio negocio, puede desembocar en adquisiciones que se escapan al círculo de competencia de la misma, y que no aportan valor al accionista. Por ejemplo, durante un tiempo, al equipo directivo de Gillette le dio por realizar adquisiciones en negocios que se escapaban al suyo propio, que era el del afeitado, no aportando o incluso restando valor a sus accionistas. También, otro ejemplo de mal asignación de capital, vendría a ser la política de recomprar acciones de la compañía cuando es evidente que la misma cotiza a múltiplos muy exigentes, o en otras palabras, que cotiza muy cara en relación a su beneficio y valor actual. Ya lo hemos comentado anteriormente pero no está de más remarcarlo: si la directiva de una compañía no es capaz de encontrar vías plausibles o razonables para que la compañía continúe su expansión, lo que debe hacer es reducir deuda –de tenerla–, repartir dividendos o recomprar acciones. Si el *management* o equipo directivo, que se supone es quien mejor conoce el valor de la compañía que dirige, sabe que esta cotiza por encima de su valor intrínseco, no debe recomprar acciones, debe reducir deuda o repartir un mayor dividendo. La tan utilizada frase, en relación a los gobernantes, de que "a los políticos les pagamos para que hagan cosas", aquí no aplica (y en ocasiones tampoco aplica para los gobernantes): la misión del equipo directivo no es dar titulares a los medios de comunicación, es crear valor para el accionista, y si para ello tienen que estar años callados sin hacer nada, que así sea.

¿Presenta la empresa ventajas competitivas?

Uno de los autores que mejor ha estudiado las diferentes ventajas competitivas que puede presentar una empresa, junto con aquellas que, pareciendo tales, no lo son, es Pat Dorsey. Este señala en su obra[12] cuatro principales ventajas competitivas: la tenencia de activos intangibles, la existencia para el cliente de un producto o servicio de una empresa de costes de sustitución, el hecho de que la empresa se beneficie del llamado efecto red, o bien el disfrute de ventajas en costes.

Siendo la primera tarea determinar si en una empresa existen estas ventajas competitivas, habrá que valorar hasta qué punto pueden mantenerse en el tiempo, y el precio que pagamos por las mismas, ya que hay que tener cuidado de no pagar más por el foso defensivo que por el tesoro del castillo. Tras esto, deberemos vigilar periódicamente que se mantienen sus ventajas competitivas, ya que estas nunca son eternas. En este sentido, cuando adquiramos acciones de una empresa que constatemos presenta ventajas competitivas, deberemos ser especialmente cuidadosos con su seguimiento, ya que muchas veces su precio recoge la presencia de estas ventajas, y cuando desaparecen o pierden efectividad la caída en su cotización

---

[12] P. DORSEY, *El pequeño libro que genera riqueza.*

tiende a ser abrupta. Y en este sentido ni que decir tiene que es esencial darnos cuenta de que la ventaja competitiva se ha erosionado antes de que el resto de inversores llegue a dicha conclusión.

¿Se beneficia la empresa de un activo intangible?

Empecemos por la ventaja competitiva de la tenencia de activos intangibles. Aquí el Sr. Dorsey distingue entre marcas, patentes o licencias.

Una marca determinada otorga una ventaja competitiva a una compañía cuando permite cobrar más a sus clientes por el mismo bien o servicio que ofrece la competencia. Así, un diamante de Tiffany se vende a un precio superior que ese mismo diamante en la competencia, su marca es una ventaja competitiva. Sin embargo, no constituye una ventaja competitiva cuando el producto o servicio que ofrece es diferente al que ofrece la competencia, aunque lo venda a un precio superior: Heinz por ejemplo, comercializa una salsa Ketchup a un precio superior al de la competencia, pero este no tiene el mismo sabor que el que podríamos encontrar en las marcas blancas, es una salsa premium. En relación a las marcas, ni que decir tiene que tan importante es determinar si una empresa se beneficia de este tipo de marcas, como su capacidad para mantenerla en el tiempo, requiriéndose por tanto en este tipo de casos hacer un seguimiento del cuidado de la misma.

En relación a las patentes, la posesión de una o varias por parte de una empresa supone la exclusión de la competencia para el producto o productos en cuestión. Sin embargo, siendo el negocio protegido por una patente apetecible para el resto de la competencia, esta intentará, a través de sus abogados, de que la misma sea revocada en los tribunales. Además, las patentes no se reconocen *ad infinitum*, para siempre, sino que tienen un período de tiempo de vigencia, y tras finalizar este deberemos contar con que la competencia estará preparada para aprovecharse. Así, la única forma de compensarlo por parte de una empresa que vive de productos patentados, es reinvertir lo suficiente en investigación como para ir sustituyendo con nuevas patentes aquellas que sean revocadas o bien hayan expirado. En éste sentido, hay que matizar que hay casos atípicos, como los que nos relata David Blanco en su libro "Aprende a invertir con sabiduría": el de la empresa de biotecnología norteamericana Amgen, que cuenta con un medicamento, Enbrel, cuya patente expiró y más adelante se prolongó su vigencia, y otro caso, el del medicamento Neulasta, en el que a pesar de que su patente expiró, se siguió vendiendo con total normalidad. En definitiva, que hay que tener en cuenta que una cosa es la teoría, que siempre es útil, pero luego hay que estar a la casuística, ir caso por caso, y no dar nada por sentado.

Finalmente, y ya para acabar con la ventaja competitiva que constituyen los activos intangibles, tenemos las licencias, que permiten excluir a la competencia de un determinado negocio, si esta no es capaz de obtenerla. Sin embargo, no es tan sencillo como buscar compañías cuyo negocio dependa de la obtención de una o varias licencias u autorizaciones, sino que además debe ser un negocio que tenga libertad para fijar precios. De nada te sirve acceder al negocio del transporte de electricidad, por poner un ejemplo, si es un ente público el encargado de fijar a su arbitrio los precios (esto no significa que no se pueda ganar dinero en una empresa que opera con una licencia pero que no puede fijar precios, pero si pensamos a largo plazo y queremos empresas con ventajas competitivas tendremos que seguir investigando).

¿Existen en el negocio costes de sustitución?

Una empresa se beneficia de la ventaja competitiva de los costes de sustitución cuando sus clientes estiman que es mayor el coste de reemplazar el bien o servicio que consumen, de lo que se ahorrarían cambiándolo. Si te sale más caro cambiar a otro proveedor de determinado servicio o bien, no te resultará atractivo hacerlo, y si no te resulta atractivo tenderás a no hacerlo.

Pat Dorsey introduce un ejemplo muy clarificador en este sentido, el cambio de un banco a otro por parte de un cliente. Sobre el papel, parece racional sustituir a nuestro banco si este comienza a cobrarnos comisiones superiores en comparación a las que presenta la competencia; en la práctica, esta diferencia debe ser muy grande para que nos compense dar el paso. Y esto es así porque alrededor de nuestra relación con el banco se va tejiendo con el tiempo una red de acuerdos que de abandonar la entidad tendremos que ir poco a poco desenredando. Normalmente el cambio requerirá trasladar la domiciliación de las nóminas, con todo el lío que pueda conllevar, trasladar nuestras acciones a una nueva cuenta de valores, que normalmente implica comisiones extra, o puede incluso que tengamos algún seguro con el banco -hoy día no hay negocio en el que no estén los bancos, por estar hasta están en el negocio de la venta de productos de consumo a través de su página web-. En definitiva, muchos dolores de cabeza, un incordio potencial que para un ciudadano que llega cansado a casa del trabajo puede ser demasiado, prefiriendo este mantenerse como cliente de su banco de toda la vida a pesar de las comisiones menos competitivas.

Otro ejemplo aún más mundano podría ser el del negocio del champú masculino. La empresa estadounidense Procter & Gamble comercializa el champú anticaspa H&S. Todos los años estos son capaces de elevar el precio de su gama de champús, y lo pueden hacer porque para el consumidor existen costes de sustitución. Y es que, ¿a quién le apetece arriesgarse a volver a tener caspa en su cuero cabelludo, probando productos de la competencia, si está satisfecho con el que utiliza? Los seres humanos somos vanidosos, valoramos en general nuestro aspecto, y no nos importa pagar mensualmente un poco más por asegurárnoslo.

¿Se beneficia el bien o producto de la empresa del efecto red?

Existirá en un producto o servicio efecto red cuando este tienda a incrementar su valor conforme más clientes utilizan dicho bien o servicio.

Un primer ejemplo, de una compañía cotizada española donde se aprecie a priori efecto red es Bolsas y Mercados Españoles (BME)[13]. Esta empresa es la operadora de los mercados de valores españoles, básicamente es la encargada, entre otras cosas, de proveer los medios y la tecnología para que compradores y vendedores en las diferentes Bolsas españolas puedan llevar a buen puerto sus operaciones. En este negocio, la ventaja competitiva es saber que cuando establezcas una orden de venta de unas acciones, o de compra, sabes que va a haber alguien al otro lado dispuesto a satisfacer la operación. Si eres una empresa y decides salir a cotizar a Bolsa, lo que aporta valor en relación a BME es saber que todos aquellos dispuestos a comprar acciones operan a través de la misma. En Estados Unidos, ejemplos equivalentes serían la Bolsa de Nueva York (NYSE) o la bolsa de Chicago (Merc). Sin embargo son

---

[13] Sobre BME hay que señalar que en 2020 fue excluida de cotización tras la OPA del Grupo Six.

negocios que, a pesar de contar con ventajas competitivas de efecto red a nivel nacional, también tienen competidores en un mundo globalizado como el actual a nivel internacional, pudiendo uno en ocasiones adquirir acciones de una empresa en el mercado bursátil español, y venderlas en otro lugar del mundo donde también se negocien, lo que ha dado lugar a que estas reduzcan sus retornos sobre el capital. En otras palabras, el foso defensivo o ventaja competitiva está ahí, pero con la apertura progresiva de su red se ha ido erosionando, perdiendo parte de su valor.

El efecto red no se da con tanta facilidad como otras ventajas competitivas, y suele estar presente en empresas donde la tecnología forma parte de su negocio. Youtube, que forma parte de Alphabet, la matriz de Google, junto con Facebook, son buenos ejemplos de efecto red. Si hemos grabado un pequeño documental, o nos gusta cantar y queremos promocionarnos a través de un vídeo, lo subiremos a Youtube, ya que sabemos que es la plataforma de vídeo más utilizada y, además, nos permite monetizar nuestros vídeos con publicidad. En el caso de Facebook, puestos a estar en una red social en la que compartir acerca de nuestras vidas e inquietudes, queremos estar en aquella en la que todos nuestros amigos están, y la mayoritaria es Facebook. Por supuesto, tanto los fosos defensivos de Youtube y Facebook son susceptibles de ser atacados por la competencia, pero para lograr erosionarlos deberán conseguir una masa crítica proporcional de usuarios, lo que es a corto o medio plazo, al menos a nivel global, virtualmente imposible: Youtube cuenta con más de mil millones de usuarios, mientras que las mareantes cifras de Facebook ascienden a dos mil millones de usuarios activos mensuales.

Ya para finalizar con esta clase de ventaja competitiva, veamos el ejemplo de las tarjetas de crédito como medio de pago. En España utilizamos esencialmente dos, Visa y Mastercard, y utilizamos estas y no otras porque sabemos que son medios de pago aceptados en la mayoría de establecimientos del país, incluso a nivel global si es que nos encontramos en el extranjero. ¿Tendría sentido tener una tarjeta de crédito de una compañía que ningún establecimiento conoce o acepta? Ciertamente no, y por ello Visa y Mastercard son oligopolios de facto. En cualquier caso, toda ventaja competitiva debe ser objeto de seguimiento, también las de efecto red. Estos días, por ejemplo, tratan de proliferar los pagos a través del móvil, impulsados por las entidades de crédito (que están interesadas, claro está, en ahorrarse la comisión de Visa y Mastercard), obviando la tarjeta de crédito. Por ahora no han tenido mucho éxito, pero es un ejemplo de que todo foso defensivo, por insalvable que parezca, acaba con el tiempo siendo superado (lo interesante será buscar aquellos que sean más resilientes al paso del tiempo, más duraderos).

¿Presenta la compañía una ventaja competitiva en costes?

Ya para finalizar este apartado sobre ventajas competitivas tenemos la relativa a los costes, que va a consistir en el disfrute continuado de unos menores costes para una determinada actividad económica en relación a los competidores. La ventaja en costes puede a su vez tener como origen, conforme al estudio del Sr. Dorsey, cuatro fuentes: procesos más baratos, mejores localizaciones, activos únicos y mayor escala.

Las ventajas de costes derivadas de un proceso productivo más barato tiene como elemento fundamental la incapacidad de la competencia de emular a quien ha innovado con un proceso más eficiente. De plantearse implementarse un proceso mejor que rápidamente es copiado por la competencia, no estaríamos ante una ventaja competitiva. En este sentido, un ejemplo muy ilustrativo en Europa podría ser el de Ryanair. Esta ha conseguido mantenerse como la aerolínea de transporte de pasajeros europea de más bajo coste durante muchos años, y su proceso de ahorro de costes no es ningún secreto. Sin embargo, la misma renueva anualmente parte de su flota de aeronaves, con nuevos modelos más eficientes, goza de una salud financiera estupenda y está permanentemente buscando nuevas vías de reducción de costes. Al final, cuando todo está dirigido a lograr un precio del pasaje medio más bajo, y esta dinámica es permanente en el tiempo, llega un momento en el que eres incapaz, como competencia de Ryanair, de competir en su segmento, de forma que si te estableces en una ruta para competir con Ryanair, esta tiene capacidad de reducir el precio del pasaje hasta un punto insoportable por la mayoría de compañías, lo que obliga a retirarse. En cualquier caso, son ventajas competitivas que conviene vigilar más de lo habitual, y este sentido, siguiendo con el caso de Ryanair, últimamente están teniendo problemas con sus trabajadores, que demandan mejores marcos laborales, lo que afectaría a los costes, y algunas compañías están tratando de copiar su exitoso modelo de negocio.

Siguiendo con las modalidades de ventajas competitivas en costes, tenemos la denominada de localización ventajosa, que permite a las empresas que la presentan establecer un monopolio en relación a su negocio en una determinada zona. Veámoslo con un ejemplo paradigmático que nos ofrece en su obra el Sr. Dorsey. Una empresa cotizada posee una cantera de gravilla, y la localización de la misma se caracteriza por su proximidad a una serie de obras importantes. El coste de transporte de dicha gravilla es reseñable, y aumenta en proporción a la distancia que el transportista y su carga deban recorrer. De esta forma, un competidor que sea propietario de otra cantera, pero que se encuentre a una distancia considerable de las obras, deberá incurrir en costes de transporte considerablemente mayores en comparación a los de la cantera próxima a las obras. Y no podrá competir con los precios de la misma, so pena de reducir considerablemente sus márgenes y por ende sus beneficios. Por supuesto, este tipo de negocio también tiene sus inconvenientes, y es que requieren para su viabilidad futura de la existencia continuada en el tiempo de obras que demanden su producto (gravilla, piedras, etc.) y que además se encuentren dentro de su radio de acción.

En tercer lugar, las compañías pueden presentar una ventaja competitiva en costes derivada del acceso exclusivo a un recurso, necesario para el negocio en cuestión, a unos costes muy inferiores a los de la competencia. Uno de los ejemplos mencionados por Dorsey es el de Aracruz Cellulose, compañía sita en Brasil dedicada a la fabricación de pulpa de papel. Su particularidad es que su negocio requiere árboles de eucalipto, y en la zona en la que opera, Brasil, estos crecen a una mayor velocidad que en cualquier otra parte del mundo, lo que le permite una producción más barata (se emplea menos tiempo en la reforestación de la superficie de la que disponen, de forma que necesitan menos superficie para obtener la misma cantidad periódica de madera de eucalipto).

Ya para finalizar con esta categoría de ventajas competitivas, tenemos la que deriva de la escala o el tamaño en relación a la competencia: así, no resulta importante a efectos de determinar si existe esta ventaja competitiva el tamaño de la empresa per se, sino su tamaño en relación a sus competidores. En esta ventaja de la escala, Dorsey diferencia entre las empresas que la disfrutan por haber establecido grandes redes de distribución (por ejemplo, una empresa de transporte de mercancías por carretera a través de camiones, una vez su red de distribución provee suficientes paradas como para cubrir los costes fijos, cada nueva parada con mercancías que repartir no tendrá un coste fijo extra, pudiendo bajar precios conforme aumente la red, algo que no estará al alcance de un competidor sin suficiente escala), por su mayor producción (imaginemos una fábrica, que presenta costes fijos: si una empresa es capaz de producir a niveles muy altos de capacidad de sus fábricas, al tener muchos clientes fidelizados, mayor será su rentabilidad y por tanto su capacidad de bajar precios sin dejar de ser rentable) o por dominar un mercado nicho (básicamente, determinados nichos de mercado son tan pequeños que sólo pueden albergar a un operador, de forma que si una empresa logra hacerse con dicho mercado, y mantenerse competitiva en el mismo, invirtiendo en investigación y desarrollo por ejemplo, podrá disfrutar año tras año de importantes retornos sobre el capital).

¿Sabemos por qué una compañía está barata?

Si bien los mercados bursátiles no son siempre eficientes, o no siempre a corto plazo, hay que ser conscientes de que la mayor parte de las veces tampoco son digamos estúpidos. Si nadie demanda a un determinado precio acciones de una compañía que hemos determinado es una buena compañía, con ventajas competitivas, y el precio de la misma ha llegado a niveles que consideramos es exageradamente bajo, debemos preguntarnos la razón por la que nadie, o no los suficientes, la quieran para sus carteras.

Normalmente se tratará de una cuestión de expectativas, en este caso negativas: la amenaza del comercio online, si son por ejemplo empresas que venden tradicionalmente al consumidor, en una tienda física; la amenaza del coche eléctrico, si son empresas automovilísticas tradicionales, cuyo principal producto son los coches con motor de combustión; o simplemente empresas que solían crecer a ratios muy elevados y han tenido por lo que sea un mal año. Encontrar acciones de una compañía que sea buena, bonita y barata es ciertamente complicado, y nuestro trabajo es determinar si la razón por la cual el conjunto de personas e instituciones que operan en los mercados bursátiles la consideran desagradable está justificada a largo plazo o no.

Por el contrario, cuando una compañía cotiza cara, o por decirlo de forma más técnica, a múltiplos muy exigentes, solemos estar ante una compañía con unas perspectivas inmejorables, y nuestro trabajo, si es que la empresa es candidata a entrar en nuestra cartera, es valorar si el cumplimiento de dichas perspectivas es razonable a largo plazo (caso contrario, deberemos apuntarnos el nombre de la misma y hacer un seguimiento periódico de su cotización, para comprarla cuando dichas expectativas en un momento dado se vean decepcionadas).

Una introducción a la contabilidad aplicada a la inversión

Como ya hemos tenido ocasión de resaltar, la contabilidad es el lenguaje de los negocios, y si bien de empezar de cero no vamos a convertirnos con leer esta introducción en expertos, sí que puede resultar una base útil sobre la que luego ir aprendiendo con el tiempo.

Personalmente, les recomendaría que esta parte se la estudiasen de memoria. Entiéndanme, no les estoy animando con esto a estudiarlo cual estudiante que se prepara para vomitar conocimientos en un examen teórico, si no entienden algo lo mejor es pararse reflexionar al respecto, buscar información si fuera necesario (y aquí la herramienta que nos presta Google es fantástica, seguro que alguien habrá resuelto esa duda que nos pueda surgir). En resumidas cuentas, lo que les voy a compartir a continuación son mis apuntes de Introducción a la contabilidad. Personalmente me gusta memorizar de párrafo corto en párrafo corto, de forma que hasta que no repito en voz alta de manera perfecta uno no paso al siguiente. Con esta parte me resultó especialmente efectivo para interiorizar el tema (eso, y leer muchos estados financieros tras haberle dado un par de vueltas de memoria a estos apuntes).

Si lo hacen así, me atrevería a asegurarles que, independientemente de que decidan invertir directamente o no en acciones, disfrutarán echándole un ojo a las cuentas de una compañía e interpretándolas (que por cierto, pueden encontrar con sus datos esenciales y de manera gratuita en Yahoo Finance y Morningstar, en el apartado de estados financieros de la compañía).

Para esta introducción mi obra de referencia es *Warren Buffett y la interpretación de estados financieros*, de Mary Buffett y David Clark. Y en ese sentido, no puedo sino recomendarles su compra y su lectura, ya que a diferencia de mi resumen, encontrarán ejemplos y también un desarrollo mucho mayor de la teoría.

Sin más les dejo estos apuntes. Tenía ciertas dudas sobre cómo presentárselos, de una manera más desarrollada y quizás como si de una charla se tratase, como el resto del libro, o más escueta pensando en que sean estudiados como anteriormente les he comentado. Como personalmente creo que merece la pena su estudio, no quedándonos solo en una lectura ligera, he optado por lo segundo, con la tranquilidad de saber que si pudiesen ustedes preferir una simple lectura, tendrán a su disposición el libro de Mary Buffett y el Sr. Clark (en el que se ahonda en la relación de cada partida de los estados financieros con la identificación de empresas con ventajas competitivas, ciertamente interesante y de recomendable lectura).

El estado financiero de una compañía

El estado financiero de una compañía puede presentarse de tres maneras, a través de la cuenta de pérdidas y ganancias, del balance de situación o del estado de flujos de efectivo.

La cuenta de pérdidas y ganancias nos indica cuánto dinero ha ganado una compañía durante un período concreto.

Con la cuenta de pérdidas y ganancias se determinan factores como sus márgenes, el rendimiento de sus activos y la solidez y dirección de sus ganancias.

El balance de situación nos indica los activos de una compañía y sus pasivos, de forma que si restamos el segundo del primero obtendremos su patrimonio neto.

El estado de flujos de efectivo se encarga de realizar un seguimiento del efectivo que entra y sale del negocio.

La cuenta de pérdidas y ganancias

La cuenta de pérdidas y ganancias indica al inversor los resultados de las operaciones de la compañía durante un período concreto.

Una cuenta de pérdidas y ganancias posee tres componentes básicos: los ingresos de negocio, los gastos de la compañía y sus beneficios o pérdidas.

En la cuenta de pérdidas y ganancias no solo veremos si la compañía gana dinero o no, podremos estudiar sus márgenes, si destina mucho dinero a desarrollo e investigación o si tiene que endeudarse mucho para ganar dinero.

Elementos de la cuenta de pérdidas y ganancias (I): ingresos

La primera línea de la cuenta de pérdidas y ganancias indica los ingresos totales o brutos, siendo esta la cantidad de dinero que entró en la compañía durante el período en cuestión, un trimestre, semestre o un año.

Para determinar si una empresa consigue beneficios hay que restar el importe de los gastos del negocio de estos ingresos totales.

Elementos de la cuenta de pérdidas y ganancias (II): coste de ventas

En la cuenta de pérdidas y ganancias, justo debajo de la línea de ingresos totales, encontraremos el importe del coste de ventas, también denominado coste de ingresos.

El coste de ventas es el coste de compra de los artículos que la compañía revende o bien el coste de los materiales y la mano de obra utilizados para la fabricación de los productos que vende.

De dedicarse la compañía a la prestación de servicios y no a la venta de productos, se acostumbra a utilizar "coste de ingresos" en vez de "coste de ventas".

El coste de ventas de una compañía de sofás empieza con el coste de su inventario en sofás a principios de año; a éste hay que sumarle el coste de todos los sofás añadidos al inventario a lo largo del año, y, finalmente, hay que restarle el valor en efectivo del inventario de sofás que queda a final de año.

Si una compañía empieza el año con un inventario de 10 millones, realiza compras por 2 millones que añadirá al inventario, y termina el período con un inventario cuyo coste es de 7 millones, su coste de ventas para ese período habrá sido de 5 millones.

El coste de ventas aisladamente no nos ayuda a saber si una empresa tiene una ventaja competitiva duradera o no, pero es esencial para calcular el margen bruto del negocio, cifra que sí nos será útil para determinar si la compañía la posee o no.

Elementos de la cuenta de pérdidas y ganancias (III): margen bruto

Si restamos de los ingresos totales de la compañía el importe del coste de ventas, obtendremos el margen bruto, de forma que si tenemos unos ingresos totales de 10 millones y un coste de ventas de 7 millones, tendremos un margen bruto de 3 millones.

El margen bruto es el dinero que gana la compañía a partir de sus ingresos totales después de restar los costes de las materias primas y de la mano de obra utilizados para producir las mercancías.

En el margen bruto no se incluyen categorías como los costes de lograr una venta o administrativos, la amortización o los costes financieros de llevar el negocio.

El margen bruto nos dice muy poco, pero podemos utilizar este número para calcular el porcentaje de margen bruto de la compañía, que sí puede decirnos mucho.

El porcentaje de margen bruto es igual al margen bruto entre los ingresos totales.

Las compañías con ventajas competitivas duraderas acostumbran a tener unos porcentajes de margen bruto más altos que las que no los tienen.

Lo que crea un porcentaje de margen bruto alto es la ventaja competitiva duradera de la compañía, que le da libertad para fijar el precio de los productos y servicios que vende muy por encima del coste de las mercancías adquiridas.

Sin una ventaja competitiva, las compañías deben competir bajando los precios del producto o servicio que venden, lo que provoca una reducción de sus márgenes de beneficios y en consecuencia de su rentabilidad.

Aunque la prueba del porcentaje de margen bruto no es infalible, sí es uno de los primeros indicadores de que la compañía posee algún tipo de ventaja competitiva duradera sólida.

Para que la ventaja competitiva haya sido duradera, deberemos analizar los márgenes brutos de los últimos diez años.

Una compañía con un porcentaje de margen bruto alto puede quedarse sin su ventaja competitiva a largo plazo por costes de investigación altos, elevados gastos de ventas y administrativos o gastos financieros altos sobre su deuda.

Estos tres costes pueden destruir la solidez económica de la compañía a largo plazo y se conocen como gastos de explotación.

Elementos de la cuenta de pérdidas y ganancias (IV): gastos de explotación

Justo debajo de la línea del margen bruto de la cuenta de pérdidas y ganancias aparece un grupo de gastos conocidos como gastos de explotación. Los gastos de explotación son los costes de investigación y desarrollo de nuevos productos, costes de ventas y administrativos de poner un producto en el mercado, la amortización, los gastos de reestructuración y desvalorización y el "varios" que incluye gastos de no explotación y no recurrentes.

Una vez sumadas estas entradas obtenemos el gasto de explotación total de la compañía, que a continuación se resta del margen bruto para darnos los beneficios o pérdidas de explotación de la compañía.

Elementos de la cuenta de pérdidas y ganancias (V): gastos de ventas, generales y administrativos

En la cuenta de pérdidas y ganancias, en la sección "gastos de ventas, generales y administrativos" (VGA), la compañía informa de sus gastos de ventas directos e indirectos y de todos los gastos generales y administrativos en los que ha incurrido durante el período.

Los gastos de ventas, generales y administrativos incluyen los salarios de administración, el coste de la publicidad y de los viajes, los gastos jurídicos, las comisiones y todos los costes por nóminas y similares.

Las compañías que no tienen una ventaja competitiva duradera sufren a causa de la competencia y muestran variaciones enormes en los gastos VGA expresados como porcentaje sobre el margen bruto.

Si la compañía no puede reducir los gastos VGA con la suficiente rapidez con la que caen los ingresos, los gastos empiezan a comerse cada vez más su margen bruto.

Podemos encontrar compañías con gastos VGA bajos o medios que destrozan el rendimiento económico del negocio debido a gastos altos de investigación y desarrollo, de capital o financieros sobre la deuda.

Elementos de la cuenta de pérdidas y ganancias (VI): investigación y desarrollo

Investigación y desarrollo es la clave para identificar a las compañías con una verdadera ventaja competitiva duradera.

Lo que parece una ventaja competitiva duradera es, con frecuencia, una venta conferida a la compañía por una patente o licencia.

Si la ventaja competitiva viene dada por una patente, caso de las compañías farmacéuticas, llega un día en el que la patente expira y con ello su ventaja competitiva.

Estas compañías no sólo deben dedicar altas sumas a I+D, sino que también deben inventar constantemente nuevos productos y ello las obliga a rediseñar y actualizar sus programas de ventas, lo cual implica gastos administrativos y de ventas elevados.

Elementos de la cuenta de pérdidas y ganancias (VII): amortización

Todas las máquinas y edificios sufren un deterioro a lo largo del tiempo, y este desgaste se refleja en la cuenta de pérdidas y ganancias bajo el concepto de amortización.

El importe de la amortización de un valor durante un año concreto es un coste que se resta de los ingresos de ese año.

El importe de la amortización de un activo puede considerarse como que se ha utilizado para la actividad comercial de la compañía durante el año que ha generado los ingresos.

La amortización es un gasto muy real que debe incluirse en todos los cálculos de ganancias, ya que caso contrario nos estaremos engañando a nosotros mismos.

Las compañías con ventaja competitiva duradera acostumbran a presentar costes de amortización menores expresados como porcentaje sobre el margen bruto frente a las compañías que sufren la desgracia de una competencia muy fuerte.

El gasto contable por amortización suele ajustarse para cada activo a lo indicado por la normativa contable, y esta no siempre se ajusta a la realidad.

Deberemos intentar buscar el gasto de la compañía en mantenimiento de sus activos, ya que en ocasiones será inferior o superior al gasto reflejado de amortización.

Elementos de la cuenta de pérdidas y ganancias (VIII): gastos financieros

Los gastos financieros son la línea que refleja los intereses pagados, durante el trimestre o durante todo el año, por la deuda que la compañía presenta en su balance de situación como un pasivo.

Aunque es posible que una compañía gane más en intereses de lo que paga en intereses, caso de los bancos, lo normal será lo contrario.

El gasto en intereses se conoce como coste financiero, y no como coste de explotación, apareciendo en una partida propia independiente, al no estar ligados a ningún proceso de producción o venta.

Los gastos financieros son reflejo de la deuda total que presenta la compañía en sus libros, de forma que cuanta más deuda tenga la compañía, más intereses pagará.

Incluso en los negocios muy competitivos, la proporción de los ingresos de explotación destinada al pago de intereses puede utilizarse para identificar a compañías con ventaja competitiva.

El porcentaje de pagos de intereses relativo a los ingresos de explotación varía entre las diferentes industrias.

La relación entre el pago de intereses y los ingresos de explotación puede aportar mucha información sobre el nivel de riesgo económico que corre la compañía.

En cualquier industria, la compañía con la proporción más baja entre pagos de intereses y beneficios de explotación es la que tiene más posibilidades de disfrutar de una ventaja competitiva.

Debemos tener cuidado con la posibilidad de que una compañía sustituya el financiar la adquisición de activos propios por el pago del arriendo a un tercero.

Si una empresa sustituye sus pagos de intereses por pagos de rentas de alquiler, nosotros también deberemos reflejarlo en nuestro análisis.

Elementos de la cuenta de pérdidas y ganancias (IX): ganancias (o pérdidas) en la venta de activos y otros

Cuando una empresa vende un activo (diferente del inventario), el beneficio o la pérdida generado por la venta se registra bajo "ganancias (pérdidas) en la venta de activos".

El beneficio es la diferencia entre los ingresos generados por la venta y el valor contable que aparece en los libros contables.

Si una compañía tiene un edificio por el que pagó 1 millón, se amortizó hasta 500.000 por el paso del tiempo, y lo vende por 800.000, la compañía registra una ganancia de 300.000 por la venta del activo.

En la partida "otros" se registran los ingresos y gastos no de explotación, inusuales e infrecuentes, introduciéndose así en la cuenta de pérdidas y ganancias.

Estos ingresos y gastos de la partida "otros" incluyen la venta de activos fijos, como por ejemplo propiedades, plantas y equipos.

Bajo "otros" también se incluyen los acuerdos de licencia y la venta de patentes, siempre que estas operaciones no se encuentren dentro de la actividad comercial normal.

Algunas veces, estas operaciones no recurrentes pueden tener un impacto muy importante sobre la línea de resultados de una empresa, debiendo eliminarse en el cálculo de los beneficios.

Elementos de la cuenta de pérdidas y ganancias (X): beneficio antes de impuestos

Los "beneficios antes de impuestos" son los ingresos de una compañía una vez que se han deducido todos los gastos pero antes de restar el importe de los impuestos sobre beneficios.

Salvo las inversiones libres de impuestos, todos los rendimientos de las inversiones se presentan antes de impuestos.

Elementos de la cuenta de pérdidas y ganancias (XI): impuestos sobre beneficios

Las empresas pagan impuestos sobre sus beneficios, y una vez pagados se registran en la cuenta de pérdidas y ganancias bajo la partida de "impuestos sobre beneficios".

Elementos de la cuenta de pérdidas y ganancias (XII): beneficio neto

Una vez deducidos todos los gastos e impuestos de los ingresos de una compañía, obtenemos las ganancias netas, es decir, el dinero que ha ganado la compañía después de pagar todos los impuestos.

La entrada de los beneficios netos de un año aislado no tiene ningún valor; lo que le interesa es saber si existe o no una regularidad en los beneficios y si la tendencia a largo plazo es el crecimiento, dos indicadores que equivalen a "durabilidad" de la ventaja competitiva.

A causa de los programas de recompra de acciones, la tendencia de los beneficios netos históricos de una compañía puede ser diferente de la tendencia de sus beneficios históricos por acción.

Los programas de compra de acciones propias harán aumentar los beneficios por acción, reduciendo el número de acciones en circulación.

Si una compañía reduce el número de acciones en circulación, se estará reduciendo el número de acciones que se utilizan para dividir los beneficios por acción, aunque los beneficios netos reales no hayan crecido.

Antes que los beneficios por acción de la compañía, debemos mirar los beneficios netos del negocio para ver qué es lo que realmente está ocurriendo.

Las compañías con ventaja competitiva duradera presentan un porcentaje superior de beneficios netos en relación con los ingresos totales de las empresas de la competencia.

El importe de los ingresos totales nos dice muy poco sobre el rendimiento económico del negocio, mientras que su relación con los beneficios netos nos explica mucho sobre la rentabilidad del negocio en comparación con otros.

Si analizamos una empresa cíclica, deberemos normalizar sus beneficios recientes, según nos encontremos en un mejor o peor momento de su ciclo.

Si no somos capaces de normalizar cara al futuro los beneficios de una empresa cíclica, deberemos descartar la inversión en dicha compañía.

Elementos de la cuenta de pérdidas y ganancias (XIII): beneficios por acción

Los beneficios por acción son los beneficios netos de la compañía por acción durante un período determinado.

Para determinar los beneficios por acción de una compañía, debemos tomar el importe de los beneficios netos y dividirlo por el número de acciones en circulación.

La cifra de beneficios por acción de un único año no sirve para identificar una compañía con una ventaja competitiva duradera, pero sí las cifras de beneficios por acción a lo largo de un período de diez años.

Buscamos una imagen de beneficios por acción en un intervalo de diez años que muestre regularidad y una tendencia al alza.

La cifra de diez años hace referencia a una estimación de la duración de un ciclo económico, si el anterior fue más longevo, deberemos ampliar.

Los beneficios sistemáticos son normalmente el indicio de que la empresa vende un producto o una combinación de productos que no debe pasar por ningún proceso de cambio oneroso.

La tendencia ascendente en los beneficios significa que el rendimiento económico es lo bastante fuerte como para que pueda realizar los desembolsos necesarios para aumentar la cuota de mercado a través de la publicidad o la expansión.

El balance de situación

Los balances de situación, a diferencia de las cuentas de pérdidas y ganancias, son válidos únicamente en una fecha concreta.

La primera parte de un balance de situación comprende todos los activos, entre los que se incluye el efectivo, las cuentas a cobrar, el inventario, los bienes inmuebles, la planta y los equipos.

La segunda parte de un balance de situación comprende el pasivo y el patrimonio neto.

Bajo el concepto de pasivo encontramos dos tipos diferentes: el pasivo corriente y el pasivo no corriente.

El pasivo corriente es el dinero que se debe dentro del año, que incluye las cuentas a pagar, los gastos diferidos, la deuda a corto plazo y la deuda a largo plazo vencida.

El pasivo no corriente es aquel que vencerá en un año o un plazo más largo e incluye el dinero que se adeuda a los proveedores, los impuestos no pagados, los préstamos bancarios y los empréstitos en obligaciones.

Si tomamos todos los activos y les restamos todos los pasivos, obtendremos el patrimonio neto del negocio, que es lo mismo que los fondos propios.

Activos menos pasivo = patrimonio neto o fondos propios.

Elementos del balance de situación (I): activos

En el apartado de activos se guarda todo lo bueno: el dinero en efectivo, la planta y los equipos, las patentes y todo lo que genera riqueza.

Los activos corrientes incluyen el "efectivo y equivalentes de efectivo", las "inversiones a corto plazo", las "cuentas a cobrar netas", las "existencias" y un fondo general conocido como "otros activos".

Se conocen como activos corrientes debido a que son en efectivo o bien pueden convertirse y se convertirán en efectivo en un período muy corto, normalmente en el plazo de un año.

Por norma general, los activos corrientes aparecen listados en el balance de situación por orden inverso de su liquidez.

Los activos no corrientes son aquellos que no pueden convertirse en efectivo dentro del plazo de un año.

Son activos no corrientes las inversiones a largo plazo, los bienes inmuebles, planta o equipos, el fondo de comercio, los activos intangibles, la amortización acumulada, otros activos y los cargos por activos a largo plazo diferidos.

Elementos del balance de situación (II): efectivo y equivalentes de efectivo

Dentro del activo de efectivo y equivalentes de efectivo encontramos eso, el efectivo y otros equivalentes, como un certificado de depósito a corto plazo en el banco o títulos del tesoro a tres meses.

Una cifra elevada de efectivo o equivalentes indica bien que una compañía tiene una ventaja competitiva que genera una gran cantidad de efectivo, algo positivo, o que simplemente ha vendido un negocio o muchos bonos, lo cual puede no serlo tanto.

Una cantidad baja o ya directamente la falta de reservas de efectivo significan, normalmente, que la compañía tiene un rendimiento económico bajo o mediocre.

Las compañías, tradicionalmente, mantienen una provisión de efectivo para las operaciones comerciales.

Puesto que el efectivo rinde muy poco si se tiene estático en una cuenta bancaria o en un depósito, es mejor utilizar los activos en operaciones comerciales o inversiones que generen un rendimiento mayor.

De sufrir una compañía un problema económico a corto plazo que provoca que el precio de sus acciones bajen, miraremos el efectivo o los títulos realizables que la compañía ha acumulado, para analizar si dispone de la fuerza financiera necesaria para solventarlos.

Una prueba muy sencilla para ver exactamente qué es lo que crea el efectivo es mirar los balances de situación de los últimos siete años.

En ocasiones encontraremos compañías que por las particularidades de su negocio requieren de una gran cantidad de efectivo para operar con seguridad.

Es habitual en compañías cuyo negocio gira alrededor del diseño y ejecución de obras la existencia de una gran cantidad de efectivo, pero el truco es ese, que si una se tuerce buena parte podrá desaparecer, deberemos tenerlo en cuenta a la hora de valorarla.

Elementos del balance de situación (III): existencias

Las existencias son el conjunto de productos que la compañía tiene almacenados para vender.

Puesto que el balance de situación es siempre de un día concreto, el importe que aparece en el balance de situación de las existencias es el valor del inventario de la compañía para esa fecha.

Muchos negocios corren el riesgo de que sus existencias pasen a ser obsoletas, pensemos en la industria textil p. ej.

Las compañías productoras con una ventaja competitiva duradera tienen una virtud: los productos que venden no cambian nunca y, en consecuencia, nunca quedan obsoletos.

Las compañías productoras con existencias que crecen rápidamente durante unos pocos años, y después bajan con la misma rapidez, son, probablemente, compañías que trabajan en sectores altamente competitivos, sujetos a grandes altibajos.

Elementos del balance de situación (IV): cuentas a cobrar netas

Cuando una compañía vende sus productos a un comprador, lo hace cobrando su precio por adelantado o acordando un pago a treinta días una vez que el comprador haya recibido los artículos.

En algunos negocios, estos pagos se realizan a plazos incluso más largos.

Las ventas que se encuentran en este limbo en el que aún no se han cobrado se conocen como cuentas a cobrar, es el dinero que se debe a la compañía.

Puesto que un cierto porcentaje de compradores a los que se vendieron artículos no pagarán, siempre se deduce de las cuentas a cobrar un importe predeterminado de deudas incobrables, lo cual nos da las cuentas a cobrar netas.

Las cuentas a cobrar menos las deudas incobrables nos dan las cuentas a cobrar netas.

Las cuentas a cobrar netas como número por sí solo nos dice muy poco sobre la ventaja competitiva a largo plazo de una compañía, pero sí nos dice mucho sobre las diferentes compañías dentro un mismo sector.

Si una compañía presenta sistemáticamente un porcentaje inferior que la competencia de cuentas a cobrar netas en relación con las ventas brutas, ésta tendrá normalmente algún tipo de ventaja competitiva a su favor que las demás no tienen.

Elementos del balance de situación (V): gastos diferidos / otros activos corrientes

Algunas veces, las compañías pagan por unos productos o servicios que recibirán en un futuro cercano, y estos son activos corrientes en la cuenta de gastos diferidos, caso de las primas de seguros.

Otros activos corrientes son los activos que no son en efectivo que vencen a lo largo del año, pero que aún no se encuentran en manos de la compañía, como las recuperaciones de impuestos a las ganancias diferidas.

Elementos del balance de situación (VI): activos corrientes totales y coeficiente de solvencia

Restando el pasivo corriente de una compañía de sus activos corrientes, se obtiene una idea de si la compañía puede hacer frente a sus obligaciones de deuda a corto plazo.

El coeficiente de solvencia se obtiene dividiendo los activos corrientes por el pasivo corriente; cuanto más alta es la proporción, más líquido tiene la compañía.

Un coeficiente de solvencia superior a 1 se considera bueno, mientras que cualquier valor inferior se considera malo, pudiendo tener dificultades para satisfacer las obligaciones a corto plazo ante sus acreedores.

Muchas compañías con una ventaja competitiva duradera poseen un coeficiente de solvencia inferior a 1: su alta rentabilidad les permite no tener ningún problema para recurrir puntualmente al mercado para conseguir algo de efectivo a corto plazo.

Gracias a su gran rentabilidad, también pueden pagar unos generosos dividendos y realizar compras de acciones propias, dos operaciones que reducen las reservas de efectivo y contribuyen a que su coeficiente de solvencia caiga por debajo de 1.

Elementos del balance de situación (VII): propiedades, plantas de producción y equipos

Los bienes inmuebles de una compañía, su planta de producción y sus equipos, así como su valor colectivo, aparecen en el balance de situación como un activo, con su coste original menos la amortización acumulada.

La amortización es el desgaste progresivo que experimentan la planta de producción y los equipos, asumiéndose cada año un gasto determinado de amortización.

Las compañías que no tienen ninguna ventaja competitiva a largo plazo deben enfrentarse constantemente a la competencia, lo que implica que deben ir modernizando continuamente sus instalaciones de producción para continuar siendo competitivas.

La compañía con una ventaja competitiva duradera sustituye su planta y los equipos a medida que éstos llegan al final de su vida, mientras que la compañía sin ninguna ventaja competitiva duradera debe cambiarlos para poder seguir el ritmo de la competencia.

Una compañía con una ventaja competitiva duradera podrá financiar internamente cualquier planta o equipos nuevos, mientras que una compañía sin ninguna ventaja competitiva se verá obligada a recurrir a la deuda.

Elementos del balance de situación (VIII): fondo de comercio

Si se compran muchas compañías por un precio superior a su valor contable, se termina teniendo mucho fondo de comercio en el balance de situación.

El fondo de comercio se solía restar de las ganancias del negocio siguiendo un proceso de amortización, pero hace tiempo se decidió que salvo que la adquisición se hubiera depreciado no tenía que amortizarse.

Siempre que vemos un aumento en el fondo de comercio de una compañía a lo largo de unos cuantos años, podemos asumir que esto ocurre porque la compañía está comprando otros negocios.

Si el valor del fondo de comercio permanece invariable año tras año, esto puede ocurrir porque la compañía paga un precio inferior al valor contable por un negocio, o porque no realiza ninguna adquisición.

Los negocios que se benefician de algún tipo de ventaja competitiva duradera no se venden prácticamente nunca por debajo de su valor contable.

Elementos del balance de situación (IX): activos intangibles

Los activos intangibles son activos que no pueden tocarse físicamente, como patentes, derechos de autor, marcas comerciales, franquicias, nombres de marcas y similares.

Actualmente las compañías no pueden incluir en sus balances de situación ningún activo intangible desarrollado internamente.

Los activos intangibles adquiridos a un tercero sí que se incluyen en el balance de situación con su valor justo, y si éste tiene una vida finita, véase las patentes, éste se amortiza.

Elementos del balance de situación (X): inversiones a largo plazo

"Inversiones a largo plazo" es una partida de activos del balance de situación de una compañía en la que se registra el valor de las inversiones a largo plazo (más de un año), como acciones, bonos y bienes inmuebles.

Inversiones a largo plazo incluye inversiones en las filiales y sucursales de la compañía.

La partida de inversiones a largo plazo es un tipo de activo que se anota en los libros a su coste o valor de mercado, según cuál de ellos sea el inferior.

Una compañía puede tener un activo de gran valor que aparece en sus libros con una valoración considerablemente inferior a su precio de mercado.

Elementos del balance de situación (XI): otros activos a largo plazo

Los "otros activos a largo plazo" no son más que una gran reserva de activos a largo plazo que no entran dentro de las categorías de bienes inmuebles y equipos, fondo de comercio, intangibles e inversiones a largo plazo.

Ejemplo de "otros activos a largo plazo" serían los gastos diferidos y los cobros de impuestos atrasados que deben recibirse en los próximos años.

Elementos del balance de situación (XII): activos totales

Si sumamos los activos corrientes y los activos no corrientes obtendremos los activos totales de la compañía.

Estos activos totales coincidirán con el total del pasivo más los fondos propios.

Los activos totales son importantes para determinar la eficiencia con la que la compañía utiliza sus activos.

Para medir la eficiencia de la compañía, los analistas han ideado lo que se conoce como la tasa de rendimiento sobre los activos, que se calcula dividiendo las ganancias netas entre los activos totales.

El capital siempre representa un obstáculo para entrar en cualquier industria, y una de las cosas que ayuda a que la ventaja competitiva de una compañía sea duradera es el coste de los activos que se necesitan para entrar en el juego.

Elementos del balance de situación (XIII): pasivo corriente

El pasivo corriente son las deudas y las obligaciones a las que debe hacer frente la compañía dentro del año fiscal.
 El pasivo corriente aparece en el balance de situación incluyendo las partidas de cuentas a pagar, gastos anticipados, deuda a corto plazo, deuda a largo plazo vencida y otros pasivos corrientes.

Elementos del balance de situación (XIV): cuentas a pagar, gastos anticipados y otros pasivos corrientes

Las "cuentas a pagar" son el dinero que se debe a los proveedores que han vendido bienes y servicios a crédito a la compañía.
 Los "gastos anticipados" son obligaciones que ha contraído la compañía pero que aún no han sido facturadas, como impuestos a pagar sobre las ventas, salarios a pagar y alquileres devengados.
 "Otros pasivos corrientes" es una partida de carácter general para todas las deudas a corto plazo que no pueden incluirse en ninguna de las categorías anteriores.
 Las partidas de cuentas a pagar, gastos anticipados y otros pasivos corrientes pueden decirnos mucho sobre la situación actual del negocio, pero muy poco sobre la naturaleza económica a largo plazo del negocio y sobre si tiene una ventaja competitiva.
 El importe de la deuda a corto y a largo plazo que debe soportar una compañía sí puede decirnos mucho sobre el rendimiento económico de su negocio y sobre si tiene o no una ventaja competitiva duradera.

Elementos del balance de situación (XV): deuda a corto plazo

La "deuda a corto plazo" es dinero que la corporación debe y que tiene que pagar dentro del año.
 La deuda a corto plazo incluye los efectos comerciales y los préstamos bancarios a corto plazo.

El dinero a corto plazo ha sido históricamente más barato que el dinero a largo plazo, lo que significa que es posible ganar dinero pidiendo prestado a corto plazo y prestándolo a largo plazo, el riesgo a cambio es no poder refinanciar esa deuda a corto plazo.

Cuando se trata de invertir en instituciones financieras, nos protegemos si buscamos compañías que busquen obtener financiación a largo plazo para prestar a largo plazo.

En las épocas financieras más complicadas, son los bancos estables y conservadores los que tienen la ventaja competitiva sobre los bancos agresivos y especulativos que se han metido en problemas.

Elementos del balance de situación (XVI): vencimiento de la deuda a largo plazo

Para la mayoría de los negocios, la deuda a largo plazo no es un pasivo corriente anual, pero en ocasiones parte de la deuda a largo plazo puede vencer anualmente.

Por norma general, las compañías con una ventaja competitiva duradera necesitan poca o ninguna deuda a largo plazo para poder seguir con sus operaciones comerciales y en consecuencia tienen muy poca o ninguna deuda a largo plazo que vence.

Si vemos una compañía que tiene mucha deuda a largo plazo que vence, existen muchas posibilidades de que esta compañía no disfrute de ninguna ventaja competitiva a largo plazo.

Una compañía con una ventaja competitiva duradera puede haber pasado por un momento difícil por un problema puntual y solucionable, debiéndose analizar cuánta deuda a largo plazo de la compañía va a vencer en los próximos años.

Una deuda excesiva que venza en un único año puede asustar a los inversores, lo cual hará que podamos realizar la adquisición a un precio más bajo.

En una compañía mediocre que experimente unos problemas graves, una deuda excesiva que venza en el año actual puede llevar a problemas de flujo de efectivo e incluso a la bancarrota.

Elementos del balance de situación (XVII): pasivo corriente total y coeficiente de solvencia

Dividiendo el activo corriente total entre el pasivo corriente total puede determinarse la liquidez de la compañía.

Cuanto más alto sea el coeficiente de solvencia, más liquidez tendrá la compañía y más capacidad tendrá para pagar su pasivo corriente cuando éste venza.

Las compañías con una ventaja competitiva duradera presentan a menudo unos coeficientes de solvencia inferiores a 1.

Aunque el coeficiente de solvencia tiene mucha importancia para determinar la liquidez de un negocio medio, nos dice muy poco sobre si una compañía tiene o no ventaja competitiva duradera.

Elementos del balance de situación (XVIII): deuda a largo plazo

La deuda a largo plazo es una deuda que vence en algún momento posterior a un año vista, apareciendo en el balance de situación como "pasivo a largo plazo".

El importe de la deuda a largo plazo que una compañía presenta en sus libros dice mucho sobre la naturaleza económica del negocio en cuestión.

Las compañías con una ventaja competitiva duradera muestran normalmente poca o ninguna deuda a largo plazo en sus balances de situación, y esto por ser tan rentables que se autofinancian.

Las compañías con una rentabilidad suficiente para saldar toda su deuda a largo plazo en tres o cuatro años son unas buenas candidatas en nuestra búsqueda del negocio excelente con una ventaja competitiva a largo plazo.

Elementos del balance de situación (XIX): impuesto sobre beneficios, intereses minoritarios y otras deudas

El impuesto diferido sobre beneficios es aquel que debe pagarse, pero que aún no se ha liquidado.

La partida de intereses minoritarios de un balance de situación es mucho más interesante.

De comprar una compañía acciones de otra compañía, ésta contabiliza el precio pagado por las acciones como un activo bajo "inversiones a largo plazo", pero si compra más del 80% de las acciones puede integrar el 100% del balance de situación y cuenta de pérdidas y ganancias de la compañía adquirida.

La partida de intereses minoritarios representa el valor de la diferencia entre el 100% integrado y el % que no está en posesión de la empresa, resultando un pasivo para compensar la ecuación, al contabilizarse el 100%.

"Otras deudas" es una categoría general que incluye ciertas obligaciones, como juicios contra la compañía, beneficios no realizables, intereses sobre la deuda tributaria o multas no pagadas.

Elementos del balance de situación (XX): pasivo total y coeficiente de deuda-fondos propios

El pasivo total es la suma de todas las deudas de la compañía, cifra importante que puede utilizarse para conocer la relación entre la deuda y los fondos propios, que, con una ligera modificación, podemos utilizar para identificar una ventaja competitiva.

La relación entre la deuda y los fondos propios se ha utilizado históricamente para saber si una compañía está utilizando la deuda para financiar sus operaciones o sus fondos propios.

La compañía con una ventaja competitiva duradera utilizará su rentabilidad para financiar sus operaciones y, por lo tanto, en teoría, debería presentar un valor más alto de los fondos propios y un valor más bajo de deudas totales.

La compañía sin una ventaja competitiva utilizará su deuda para financiar sus operaciones y, en consecuencia, debería presentar un valor más bajo de fondos propios y un valor más alto de deudas totales.

El ratio entre deuda y fondos propios = pasivo total / fondos propios.

El problema del ratio deuda / fondos propios es que el rendimiento económico de las compañías con ventaja competitiva duradera es tan alto que no necesitan una gran cantidad de capital/reservas en sus balances de situación para seguir adelante.

Gracias a su gran rentabilidad, a menudo dedicarán su capital/reservas acumuladas para comprar acciones propias, lo cual hará que disminuya su base de capital/reservas, lo que provocará un aumento en la relación entre la deuda y el capital.

Si a los fondos propios de la compañía le sumamos el valor de todos los títulos que ha adquirido a través de recompras, tenemos la relación entre la deuda ajustada a acciones recompradas y fondos propios.

Además, deberemos estudiar si la compañía ha sustituido la financiación vía deuda de sus activos por el arrendamiento de los mismos o bien por la emisión de acciones preferentes, ya que estas obligaciones serán de facto deuda.

Elementos del balance de situación (XXI): fondos propios / valor contable

Al restar todos los pasivos personales de todos los activos personales se obtiene el patrimonio neto personal.

Si tomamos el total de activos de una compañía y le restamos el total de sus pasivos, obtendremos el patrimonio neto, que también se conoce como los fondos propios o el valor contable del negocio.

Los fondos propios son la cantidad de dinero que han aportado inicialmente los propietarios/accionistas de la compañía y que han dejado en el negocio para que éste pueda seguir funcionando.

Los fondos propios aparecen bajo la partida de capital, que incluye las acciones preferentes y las acciones ordinarias, las primas de emisión y las reservas.

Si sumamos el pasivo total y los fondos propios totales obtendremos una cifra que debe ser igual a los activos totales, y este equilibrio es precisamente lo que refleja un balance de situación.

Los fondos propios son una cifra importante porque nos permite calcular su rentabilidad, que es una de las maneras que tenemos para determinar si la compañía en cuestión tiene o no una ventaja competitiva a largo plazo a su favor.

Elementos del balance de situación (XXII): acciones preferentes y ordinarias: prima de emisión

Una compañía puede recaudar capital vendiendo obligaciones o acciones al público.

El dinero recaudado vendiendo obligaciones deberá devolverse en algún momento en el futuro, es dinero que se pide prestado.

Cuando una compañía recauda dinero vendiendo acciones preferentes u ordinarias al público, éste no debe devolverse nunca.

Una acción ordinaria es un título de propiedad de la compañía, teniendo sus propietarios derecho a elegir al consejo de administración.

Los titulares de acciones ordinarias reciben dividendos si el consejo de administración vota a favor de pagarlos.

Si se vende toda la compañía, los titulares de las acciones ordinarias son los que se reparten lo obtenido.

Existe un segundo tipo de capital, que son las acciones preferentes.

Los titulares de acciones preferentes no tienen derecho a voto, pero sí a un dividendo fijo o ajustable que debe pagarse antes de que los propietarios de las acciones ordinarias reciban sus dividendos.

Los titulares de acciones preferentes también tienen prioridad sobre los propietarios de acciones ordinarias en caso de que la compañía caiga en la bancarrota.

Si una acción ordinaria tiene un valor de 100 dólares, y se venden preferentes por 120, en los libros aparecerán 100 dólares por acción dentro de la partida de acciones preferentes, y otros 20 dólares bajo la partida de prima de emisión.

Si las acciones ordinarias tienen un valor de 100 dólares y se venden al público por 200, aparecerán como 100 dólares bajo acciones ordinarias y 100 dólares bajo prima de emisión.

Aunque las acciones preferentes son técnicamente capital, puesto que el dinero original recibido por la compañía no debe devolverse nunca, éstas funcionan como deuda por el hecho de tener que pagar dividendos.

A diferencia de los intereses pagados sobre la deuda, deducibles de los ingresos antes de impuestos, los dividendos pagados por las acciones preferentes no pueden deducirse, siendo una forma de financiación muy cara.

Al resultar muy caro, las compañías prefieren no recurrir a este método si pueden evitarlo, por lo que a priori buscaremos compañías con ausencia de acciones preferentes dentro de su estructura de capital.

Elementos del balance de situación (XXIII): reservas

Las ganancias netas de una compañía pueden repartirse como dividendos, utilizarse para comprar acciones propias, o bien pueden guardarse para que el negocio siga creciendo.
Cuando las ganancias netas se guardan en el negocio, estas se suman a una partida del balance de situación, bajo el capital, conocida como "reservas".
Si las ganancias se guardan y se utilizan de una manera rentable, pueden mejorar en gran manera la imagen económica a largo plazo del negocio.
Para conocer las ganancias netas anuales a añadir a las reservas de la compañía, tomamos las ganancias netas después de impuestos y le restamos lo pagado por la compañía en dividendos y el gasto realizado en la compra de acciones propias.
Las reservas son una cifra acumulada, lo cual significa que las reservas nuevas de cada año se suman al total acumulado de reservas de todos los años anteriores.
Si la compañía pierde más dinero del que tiene acumulado, la cifra de reservas terminará con un valor negativo.
La cifra de reservas es importante porque si una compañía no la aumenta, tampoco podrá hacer crecer su patrimonio neto.
No todo el crecimiento en las reservas se debe a un aumento en las ventas de los productos existentes; parte de éste también puede ser debido a las adquisiciones de otros negocios, ya que cuando dos compañías se fusionan, sus reservas se unen.

Elementos del balance de situación (XXIV): acciones propias

Cuando una compañía compra acciones propias, puede hacer dos cosas con ellas: cancelarlas o conservarlas con la posibilidad de volverlas a emitir más adelante.
Si las cancela las acciones dejan de existir, pero si las conserva, con la posibilidad de volver a emitirlas más adelante, aparecen en el balance bajo el capital como "acciones propias".
Las acciones guardadas como acciones rescatadas no dan derecho a voto ni tampoco reciben dividendos y, aunque podrían considerarse un activo, se contabilizan en el balance de situación con un valor negativo al representar una reducción de fondos propios.

Las compañías con una ventaja competitiva duradera gracias a su excelente rendimiento económico acostumbran a disponer de mucho efectivo a su disposición que pueden dedicar a la compra de acciones propias.

Cuando una compañía compra sus propias acciones y las conserva como acciones propias, lo que está haciendo, en realidad, es reducir el capital de la compañía, con lo cual aumenta la rentabilidad de los fondos propios.

Resulta muy adecuado saber si un alto rendimiento de los activos o fondos propios se genera a través de la ingeniería financiera, de un rendimiento económico excepcional del negocio o de una combinación de ambos.

Para saberlo, hay que convertir el valor negativo de las acciones propias en un valor positivo y sumarlo a los fondos propios en lugar de restarlo, y a continuación dividimos los beneficios netos de la compañía por este nuevo total de fondos propios.

Elementos del balance de situación (XXV): fondos propios

Los fondos propios son el resultado de restar a los activos totales de la compañía el total de sus pasivos.

Los fondos propios también equivalen a las acciones preferentes ordinarias más las primas de emisión más las reservas menos las acciones propias.

Los fondos propios pueden proceder del capital recaudado originalmente al vender las acciones preferentes y ordinarias al público; de cualquier venta posterior de acciones, una vez la compañía está en funcionamiento; o de la acumulación de reservas.

Puesto que todo el capital pertenece a la compañía, y puesto que la compañía pertenece a los titulares de las acciones ordinarias, el capital pertenece realmente a los titulares de las acciones ordinarias, razón por la cual se conoce como fondos propios.

Se ha desarrollado la ecuación de la rentabilidad de los fondos propios, que sirve para calcular la eficacia de los directivos a la hora de utilizar el dinero de los accionistas.

Las ganancias netas divididas por los fondos propios nos dan la rentabilidad de los fondos propios.

Un rendimiento muy alto del capital significa que la compañía sabe utilizar bien las ganancias que guarda.

Algunas compañías son tan rentables que no necesitan guardar nada de sus ganancias, y las reparten en su totalidad entre los accionistas, por lo que veremos un número negativo en la partida de fondos propios.

El estado de flujo de efectivo

La mayoría de las compañías utilizan lo que se conoce como un método de contabilidad de devengo en lugar del método conocido como de caja.

Con el método de devengo, las ventas se contabilizan cuando los artículos salen por la puerta, incluso aunque el comprador tarde años en pagar por ellos.

Con el método de caja, las ventas sólo se contabilizan una vez que se recibe el efectivo.

Al conceder la mayoría de negocios crédito a sus compradores, a estos les resulta ventajoso utilizar el método de devengo, que permite contabilizar las ventas a crédito como ingresos bajo las "cuentas a cobrar" en la cuenta de pérdidas y ganancias.

Puesto que el método de devengo permite contabilizar las ventas a crédito como ingresos, las compañías deben realizar un seguimiento independiente del flujo de efectivo real que entra y sale.

El estado de flujo de efectivo sólo nos dirá si la compañía ingresa más efectivo del que gasta, o si gasta más efectivo del que ingresa.

Los estados de flujo de efectivo son similares a las cuentas de pérdidas y ganancias por el hecho de que siempre cubren un período determinado.

El estado de flujo de efectivo se divide en tres secciones: el flujo de efectivo de actividades ordinarias, el de operaciones de inversión y el de actividades financieras.

El flujo de efectivo procedente de las actividades ordinarias recoge los ingresos netos y a continuación especifica la depreciación y la amortización.

A pesar de que desde el punto de vista contable son unos gastos reales, depreciación y amortización no consumen efectivo porque representan un efectivo que ya se consumió.

Los ingresos netos menos la depreciación y la amortización constituye el flujo de efectivo total procedente de las actividades ordinarias.

El flujo de efectivo procedente de las operaciones de inversión incluye una entrada para todos los gastos de capital realizados durante el período contable.

Los gastos de capital son siempre un número negativo porque es un gasto que provoca una reducción del efectivo.

El flujo de efectivo procedente de operaciones de inversión incluye también el total de todas las partidas de flujo de efectivo de inversión, el efectivo que se gasta y se ingresa a partir de la compra y la venta de activos generadores de ingresos.

El flujo de efectivo de las actividades de inversión es igual al efectivo que se ingresa de la venta de activos generadores de ingresos, menos el efectivo que se gasta para comprar activos generadores de ingresos, menos los gastos de capital.

En el flujo de efectivo de las actividades financieras se calcula el efectivo que entra y sale de la compañía como consecuencia de las actividades financieras.

En el flujo de efectivo de actividades financieras se incluyen todas las salidas de efectivo debidas al pago de dividendos y la venta y la compra de acciones de la compañía.

Si sumamos el flujo de efectivo de las actividades operativas, el flujo de efectivo de las actividades de inversión y el flujo de efectivo de las actividades financieras, obtendremos la variación neta en efectivo de la compañía.

Elementos del estado de flujo de efectivo (I): gastos de capital

Los gastos de capital o de inversión, son desembolsos de efectivo, o su equivalente en activos, dirigidos a adquirir activos de naturaleza permanente, por más de un año, sean tangibles, caso de bienes inmuebles o plantas de producción, o intangibles, como las patentes.

Los gastos de capital son activos que se gastan a lo largo de un período de tiempo superior a un año debido a la amortización.

Los gastos de capital se registran en el estado de flujos de efectivo bajo las operaciones de inversión.

Históricamente, las compañías con una ventaja competitiva duradera han dedicado un porcentaje mucho más pequeño de sus ingresos a los gastos de capital.

Elementos del estado de flujos de efectivo (II): compra de acciones propias

Puesto que los accionistas deben pagar impuestos sobre los dividendos, una solución para aumentar su riqueza sin pasar por el Fisco es recomprar acciones propias.

Con la recompra se reduce el número de acciones circulantes, la participación de los accionistas restantes en la compañía aumenta y también aumentan los beneficios por acción de la compañía, lo cual provoca que a la larga el precio de las acciones suba.

Para saber si una compañía compra acciones propias, hay que ir al estado de flujos de efectivo y mirar la partida de efectivo de las actividades de inversión, donde se recoge una entrada que reza "emisión (retirada) de acciones, neto".

Conclusiones, contacto y agradecimientos

Como conclusión, quería incidir en el hecho de que no sabemos nada. Si acostumbran a formarse en materia de inversiones, irán atesorando más conocimientos, pero debemos ser intelectualmente honestos, siempre tendremos mucho que aprender, nunca deberíamos conformarnos.

Quería por último agradecerles la lectura, ojalá les haya resultado didáctica y entretenida. Si partían de cero, o casi, quiero pensar que con lo expresado en esta obra, y siempre por supuesto que lo hayan entendido y asimilado, ya poseen una formación superior a la media de sus conciudadanos. Sean siempre escépticos, y si algo no les cuadra, investíguenlo. Si quieren plantearme alguna duda, no duden en contactar conmigo, estoy a su disposición. Mi correo es javier.garciatiedra@mail.uca.es.

Si me permiten, me gustaría pedirles un favor. Este libro se distribuye a través de la plataforma Amazon, pero no cuento con ninguna editorial tradicional que me apoye en su promoción. En este último sentido, para promocionarse en Amazon la clave radica en las reseñas. Si tuviesen a bien publicar una reseña en esta plataforma, contando a los posibles interesados lo que estimen conveniente, les quedaría muy agradecido.

Finalmente, agradecer el apoyo a familiares y amigos, que me ayudaron a que este libro viese la luz, así como a aquellos que muy amablemente me mostraron aspectos a mejorar. Os estoy muy agradecido.